国际油气市场大趋势及中国与中东国家的能源合作

陈沫 著

MEGA TRENDS OF INTERNATIONAL OIL AND GAS
MARKETS AND ENERGY COOPERATION BETWEEN
CHINA AND MIDDLE EAST COUNTRIES

中国社会科学出版社

图书在版编目(CIP)数据

国际油气市场大趋势及中国与中东国家的能源合作 / 陈沫著 . —北京：中国社会科学出版社，2020.8

（国家智库报告）

ISBN 978 – 7 – 5203 – 7111 – 7

Ⅰ.①国… Ⅱ.①陈… Ⅲ.①能源经济—经济合作—研究报告—中国、中东 Ⅳ.①F437.062②F426.2

中国版本图书馆 CIP 数据核字（2020）第 164100 号

出 版 人	赵剑英
项目统筹	王 茵
责任编辑	王 琪
责任校对	周 昊
责任印制	李寡寡

出　　版	中国社会科学出版社
社　　址	北京鼓楼西大街甲 158 号
邮　　编	100720
网　　址	http://www.csspw.cn
发 行 部	010 – 84083685
门 市 部	010 – 84029450
经　　销	新华书店及其他书店
印刷装订	北京君升印刷有限公司
版　　次	2020 年 8 月第 1 版
印　　次	2020 年 8 月第 1 次印刷
开　　本	787×1092　1/16
印　　张	10.25
插　　页	2
字　　数	105 千字
定　　价	59.00 元

凡购买中国社会科学出版社图书，如有质量问题请与本社营销中心联系调换

电话：010 – 84083683

版权所有　侵权必究

摘要：世界能源格局正发生深刻变化，石油、天然气等化石能源供给充分，但需求遇到严重挑战。石油需求"封顶"指日可待。天然气需求仍在增长，但增长势头无法与可再生能源相比。国际石油、天然气市场已陷入长期供过于求和竞争加剧的大趋势中，仅中国等亚洲国家的石油、天然气需求仍有较大空间。在此背景下，中国与中东的能源联系更加密切。双方形成一个相互依赖的"能源安全共同体"，在降低能源产区和运输通道的安全风险，提升石油、天然气合作的水平，以及拓展能源合作的新领域等方面具有共同利益和合作潜力。中国可从八个方面推动，使能源合作的潜力化为现实，即加强相互投资，提升石油、天然气合作的水平；推动石油、天然气人民币计价，逐步摆脱美元霸权的控制；促进供求双方对话，维护合理的石油价格；开展新能源合作，拓宽能源合作领域；创新和平理念，缓和地区紧张局势；维护国际法准则，增进石油、天然气产区和运输通道安全；纠正国际视听，创造良好的舆论环境；加强军事合作，强化安全保障能力。

关键词：可持续发展 国际石油市场 国际天然气市场 地租国家 中国与中东能源合作

Abstract: In-depth changes are underway in terms of world energy structures. While the supply of fossil energies such as oil and natural gas is sufficient, the demand is facing serious challenges. The peak of oil demand can be expected in a near future. The demand of natural gas keeps growing, but its momentum of growth could not compare with the renewable energies. The international oil and gas markets are showing the mega trends of over-supply and increased competition. Only Asian countries especially China still has fairly big room for growth of oil and gas demand. Against such a background, energy ties between China and the Middle Eastern countries rather tend to be closer. China could not do without oil and gas supply from the Middle East, while the Middle Eastern countries are even more dependent on Chinese market. The two sides are forming a community of energy security based on mutual dependency. They share common interests as well as cooperation potentials in terms of reducing security risks in the energy producing areas and along the transportation corridors, upgrading the levels of oil and gas cooperation and exploring new fields of energy cooperation. It is suggested therefore the cooperation be promoted from eight aspects so as to transform the energy cooperation potentials into realities: up-grading the levels of oil and gas cooperation through intensified mutual investment, gradually moving away from the domination of USD by promoting RMB denominated transaction of oil and gas, maintaining reasonable oil prices by promoting dialogue between the suppliers and consumers, broadening fields of energy cooperation by developing new energies, relaxing regional tensions by promoting new concepts of peace, improving security in the oil and gas producing areas and along the transportation corridors by defending the principles of international laws, creating a good public opinion atmosphere and correcting the misleading international opinions, and improving security supporting capacity through military cooperation.

Key words: sustainable development, international oil and gas markets, rentier states, energy cooperation between China and the Middle East

目 录

引言 …………………………………………（1）

一 过剩和竞争是油气市场的大趋势 …………（3）
  （一）观念创新决定了石油、天然气的命运 ……（4）
  （二）石油、天然气需求受到不同程度的
       影响 ………………………………………（14）
  （三）产能过剩和供给竞争已成为市场
       大趋势 ……………………………………（21）

二 中国离不开从中东进口石油、天然气 ………（35）
  （一）国内石油、天然气生产供不应求 ………（36）
  （二）中东是不可或缺的主要供应来源 ………（48）

三 中东石油、天然气输出国离不开中国
   市场 ……………………………………………（62）
  （一）中东国家对"资源地租"的依赖 ………（63）

（二）对"地租国家"沙特阿拉伯的剖析……（67）
（三）"地租"收入面临的挑战与前景………（82）

四 中国与中东国家面临的共同挑战…………（94）
（一）中东地区的局势长期动荡…………（95）
（二）运输通道存在安全风险……………（104）
（三）石油、天然气合作需要升级………（109）
（四）新能源合作有待开展………………（118）

五 加强能源合作的路径和建议………………（123）
（一）通过加强相互投资，提升石油、
　　　天然气合作的水平………………（124）
（二）通过推动石油、天然气人民币计价，
　　　削弱石油美元霸权的影响…………（128）
（三）通过促进供求双方对话，构建市场
　　　新秩序………………………………（132）
（四）通过开展新能源合作，拓宽能源
　　　合作领域……………………………（135）
（五）通过创新和平理念，缓和地区紧张
　　　局势…………………………………（137）
（六）通过维护国际法准则，增进石油、
　　　天然气产区和运输通道安全………（139）
（七）通过纠正国际视听，创造良好的舆论
　　　环境…………………………………（141）

（八）通过加强军事合作，增进安全
　　保障 …………………………………（143）

结论 ……………………………………………（147）

参考文献 ………………………………………（149）

引　言

　　本报告以国际石油、天然气市场的大趋势为出发点，探讨了中国与中东能源合作的背景、条件、任务和路径。报告除引言和结论以外，一共分为五个部分。第一部分回答了合作背景的问题。通过阐述可持续发展观和新能源安全观对国际能源结构变化的深刻影响，指出讨论中国与中东能源合作的基本背景，就是国际石油、天然气供应已经被定格在供过于求的大趋势之下。第二部分回答了中国与中东开展能源合作的必要性问题。通过分析中国对石油、天然气的长期进口需求和中东在石油、天然气供应中的独特地位，说明了为什么在国际石油、天然气已经供过于求的背景下，中国仍然离不开中东的石油、天然气供应。第三部分回答了中东国家与中国开展能源合作的必要性问题。通过分析中东国家对"资源地租"的依赖程度和中国在国际石油、天然气市场中的独特地位，指出加强与中国的合作是中东石油、天然气输出国未来市场竞争的关键选择。第四部分讨论了中国与中东能源合作的任务。通过分析涉及双方共同利益和需要解决的能源问题，把双方合作的任务归纳为四个方面。第五部分从八个方面指出了双方合作的领域并提出了合作的建议。

一　过剩和竞争是油气市场的大趋势

用唯物辩证法的观点来看，人类社会发展就是一个实践与认识相互促动的过程。石油、天然气的命运也是在这样一个过程中被人类所决定的。18世纪蒸汽机的出现和工业革命爆发，促进了煤炭的开采和使用。煤炭的地位在能源中迅速上升，在20世纪20年代占据了世界初级能源需求的60%左右，世界进入了以消费化石能源为主的时代。此后，随着电力和内燃机的使用，另外一种化石能源石油的消费量也迅速上升，并终于在1965年超过煤炭，成为世界的首要能源，20世纪70年代在世界初级能源结构中的占比上升到50%以上。煤炭和石油等化石能源的消费，对于世界经济的发展和繁荣，发挥了至关重要的作用。但它们给人类社会发展带来的限度和风险也日益暴露并被人们所认识。20世纪70—90年代，以可持续发展为代表的新发展观与以能源和环境融合发展为代表的新能源安全观脱颖而出，并成为世界共识，减少包括石油在内的化石能源使用被认定为实现新发展观的基本路径。在此基础上，各国出台的一系列法律规范和政策导向，对于减少社会经济发展对能源的依赖，特别是对化石能源的依赖，产生了明显的效果，有效地遏制了石油需求的增长，对天然气需求的影响也初见端倪。国际石油市场已经形成供过于求的长期趋势，石油卖方的市场竞争越来越激烈。工业发达国家的石油市场已经基本饱和，石油市场竞争的重心正在转向市场空间较大的中国和印度等进口需求增长较快的发展中国家。天然气至今仍然保持比较旺盛的需求，但在世界能源结构多样化的背景下，其市场空间也开始受到可再生能源的挤占。天然气供给方也同样面临着日益激烈的市场竞争局面，一些工业发达国家的市场已经饱和，市场竞争的重心正在转向中国等天然气需求增长存在较大空间的国家。

（一）观念创新决定了石油、天然气的命运

20世纪70—90年代，在工业发达国家首先出现了两大观念转变：一个是可持续发展观取代传统的发展观；另一个是新能源安全观取代传统的能源安全观。

这两大观念转变最终融合为可持续发展观，并形成了世界共识。正是这两个重大的观念转变，及其导致的法律和政策环境的改变，使煤炭和石油等化石能源的消费需求从增长走向"封顶"和下降。

1. 可持续发展观和新能源安全观矛头直指化石能源

传统的发展观重点关注的是经济增长和收入分配两大问题。但20世纪70年代初，人们已经认识到，大量消费化石能源导致的环境问题，特别是空气和水源污染、酸雨、气候变化、臭氧减少、废物处理等一系列问题，将使既有的发展模式难以为继。为此，1972年，罗马俱乐部发表了《增长的极限》研究报告，把包括石油在内的不可再生资源和环境问题列为经济增长的重大问题，并且提出以限制经济增长的办法来降低对资源需求的主张。这个报告第一次对当时流行于西方国家的以能源和资源高消耗、污染的高排放以及生态的严重破坏为代价的增长方式进行了严肃而系统的批判，对后来可持续发展观的形成起到了重要推动作用。1987年，联合国世界环境与发展委员会通过了《我们共同的未来》研究报告，该报告提出了环境危机、能源危机和发展危机不能分割的观点，并首次提出了可持续发展的主张。可持续发展的基本特征，就是强调经济与环境的和谐发展，并且从一开始就把减少化石能源的使用锁定为主攻方向，特别强调把减少煤炭和石油能源的使用，作为减少排放和污染，防止气候变化的基本路径。

在石油成为世界首要能源以后，石油进口国最初的安全关切主要集中在防止供应的波动上。为此，一些欧洲国家在20世纪60年代就建立了一些用于应对紧急情况的石油储备。20世纪70年代初到80年代初，因第四次中东战争爆发、伊朗动乱及两伊战争爆发，接连发生了两次石油供应中断的危机，使欧美石油进口国实实在在地看到了过度依赖石油能源的巨大风险，因此把推动石油替代能源的开发列为保障能源安全的战略。由OECD国家于1975年成立的国际能源署，不仅负责协调管理成员国的战略石油储备，也担负着推动石油替代能源开发，特别是对光伏发电和风力发电等替代能源的开发的任务。20世纪70—90年代，在环境保护思想的影响下，该机构又把环境因素引入能源安全的范畴，先后提出促进"能源与环境相平衡"和促进"能源与环境相融合"的新能源安全观。所谓能源与环境相融合，意味着能源的生产、转换、运输和消费都应当在环境允许的范围内进行。[1] 至此，国际

---

[1] Richard Scott, *Major Policies and Actions*, *IEA the First 20 Years 1974–1994*, *Volume Two*, OECD/IEA, Paris, 1995, pp. 207–211.

能源署的新能源安全观实际上已经与可持续发展观高度契合，并成为可持续发展观的重要组成部分。减少对包括石油在内的化石能源的依赖，促进替代化石能源的开发可再生能源开发，成为新能源安全观与新发展观的共同要义。

新发展观和新能源安全观的高度契合，使可持续发展在20世纪90年代以后迅速成为世界各国的共同认识和共同行动。1992年召开的联合国环境与发展大会，有180多个国家代表和60多个国际组织代表参加，强调环境保护与发展不可分割，通过了关于环境与发展的《里约热内卢宣言》和《21世纪议程》，不仅宣示了对可持续发展观的认同，而且承诺了推动可持续发展的共同行动。同年，联合国又通过了《联合国气候变化框架公约》，该公约的缔约国先后于1997年通过《京都议定书》，2007年达成"巴厘路线图"，2009年通过《哥本哈根协议》，2015年通过《巴黎协定》，确定了各国通过减少煤炭和石油等化石燃料的使用，减少温室气体的排放的义务和承诺。2015年联合国大会通过《2030年可持续发展议程》（以下简称《议程》），呼吁各国采取行动，为在此后15年间实现17项可持续发展目标而努力。其中第7项目标（简称SDG7）与能源问题直接相关，表述为"确保人人获得负担得起的、可靠的可持续的现代能源"。该《议程》

通过以后，许多国家都制定了相应的本国可持续发展的规划。落实《议程》意味着大量减少对石油在内的化石能源消费。根据 OPEC 的估算，为实现上述第 7 项目标，到 2040 年的时候，煤炭需求必须减少 65%，石油需求必须减少 15%，天然气需求必须减少 13%。[①]这对于包括石油和天然气在内的化石能源的地位，都提出了严峻的挑战。

2. 各国以强有力的立法行政措施遏制化石能源发展

随着可持续发展理念的形成和日益机制化，20 世纪 90 年代到 21 世纪初，世界各国出台的相关法规和政策如雨后春笋，对化石能源的消费发起了全面攻势。作为主要石油、天然气消费国的工业发达国家，也是在法律规范和政策引导方面最为严格和积极的国家。发展中国家在这两个方面也迅速跟进。立法规范和政策导向主要集中在能源消费的三大基本领域，即交通领域、住宅领域和工业领域。

发达国家发展石油替代能源的努力从 20 世纪 70 年代第一次石油危机以后就开始起步，从 90 年代以后明显加快了步伐。这种努力的突出表现是，促进可再

---

① James Griffin (ed.), *World Oil Outlook 2040*, OPEC Secretariat, Vienna, September 2018.

生能源发展、促进节能和提高能源使用效率的法律和政策大量出现。美国1987年就颁布《全国电器节能法案》，规定了电冰箱和冰柜、室内空调机、中央空调机、洗衣机和烘干机等电器的能效标准。1992年颁布的《能源政策法案》把能效标准进一步扩大到商用和工业用加热和空调设备、热水设备和电动引擎。21世纪以来又连续通过《能源税收激励法案》（2003年）、新修订的《能源政策法案》（2005年）和《清洁能源与安全法》（2009年），把能源安全的关注重点逐渐转向发展可再生能源。日本1979年通过《节能法》，1980年通过了《替代石油能源法》，1993年通过《节能援助法》，1997年通过《促进新能源利用特别措施法》，1998年对原有的《节能法》进行修订，把当时国际市场上各种电器的最高能效作为本国的能效标准，并要求写字楼、商店、饭店、医院和学校等建筑向最高能效标准看齐。2000年颁布的《绿色采购法》规定，政府必须率先采购环保和节能的设备。欧盟则在1997年和1998年两次通过《可再生能源决议》，2000年、2002年和2006年以发表《绿皮书》的方式，宣告欧盟以发展可再生能源为基本方向的能源战略。2010年发表《能源2020：具有竞争力的、可持续的和安全的能源战略》，2011年发表以提高可再生能源比例和减少碳排放量为目标的《2050年能源路线图》。

欧盟的成员国也根据欧盟的统一能源战略，纷纷制定了自己的全国性能源标准。例如，德国1998年颁布《最大耗能法》，把欧盟有关降温和冷冻设备的能耗上限变成本国的国家标准。2000年通过《节能法》，把以前颁布的分散法律规定统一起来，并补充了对旧建筑实行节能改造，以及对新建筑能效的要求。政府率先垂范，对于政府建筑物的能效，新建政府写字楼能耗要比规定的标准再降低20%—50%。

另外，各国政府根据这些立法，采取多种财税激励措施，以财政和金融手段等非强制性措施引导企业节能。例如，美国政府对能源密集度高的企业实施"未来产业"计划，资助其研究开发节能和提高能效技术和工序，参加这项计划的主要是农业、铝业、化学、林产品、玻璃、金属铸造、矿业和炼钢企业。日本1974年启动并于1993年更新了以发展太阳能等可再生能源为内容的"阳光计划"。德国采取了以高税收限制能源消费的措施，其中包括对制造业、农业和铁路运输课征"能源产品生态税"，在机场按照排放量收取降落费等。政府从20世纪90年代以来实行多种住房改造计划，提高旧房屋的取暖和隔温效率。政府出台的这些政策，通常都配有负担部分节能减排和提高能效的投资、提供贴息贷款、担保企业发债、减少税收、投资抵税、加速折旧等方面的优惠激励措施。

从政策层面看，除了支持可再生能源发展以外，也有一些直接遏制石油消费的需求。一个典型的例证就是，欧洲国家普遍对汽车汽油消费课以重税。一些发展中国家，特别是能源消费大国对节能减排和发展可再生能源做出重大努力，中国实施的严格的《"十三五"全民节能行动计划》，印度实行的《绩效、成就与贸易方案》（Perform, Achieve, Trade Scheme），均受到国际舆论的充分肯定。欧盟也实施了《关于建筑和生态设计的能源绩效的排放绩效标准和指导意见》（Emission Performance Standards and Directives on the Energy Performance of Buildings and Ecodesign）等。这些政策有力地促进了可再生能源的技术创新和节能技术的发展，特别是太阳能和风力发电的发展和应用，电动车的发明和应用，以及汽车发动机节油技术的进步；有效地推动了交通、住宅和工业等所有石油、天然气能源消费领域的节能和能源效率的全面提高。

3. 新能源开发和提高能源效率已经取得显著进展

法规和政策的规范引导产生了两个对于限制石油、天然气需求具有重要意义的后果：一个是替代能源和可再生能源的快速发展，另一个是抑制各类能源需求增长的能源使用效率显著提高。前者替代了一部分石油、天然气的使用，后者则降低了生产同样数量产品或提供同样数量服务所需耗用的石油、天然气数量。

替代能源和可再生能源在过去的40年里发展迅速。核电的发展虽然经历了苏联的切尔诺贝利核电站和美国三里岛核电站的事故,但总体上安全性大大提高。核电在法国的发电初级能源中的占比已经超过70%。中国、巴基斯坦、印度等一批发展中国家,也具备了核能发电的能力。以光伏发电和风力发电为代表的可再生能源发电技术获得了突飞猛进的发展,而且随着技术的改进和生产规模的扩大,发电的成本不断下降。光伏发电和风力发电对政府补贴虽然仍然有所依赖,但依赖的程度逐渐减小。以2018年美国发电成本为例:煤电60—143美元/兆瓦时,天然气联合循环41—74美元/兆瓦时,大型地面光伏36—46美元/兆瓦时,陆上风电29—56美元/兆瓦时,海上风电92美元/兆瓦时。[1] 由此可见,光伏发电和风力发电已经完全具备了与煤炭和天然气一争高下的竞争力。2018年,埃及200兆瓦的康翁波(Kom Ombo)光伏项目和约旦第三轮150兆瓦的光伏招标分别收到了低达2.752美分/度以及2.488美分/度的报价。这个价格比天然气发电的价格要便宜50%左右。预计未来三年内,光伏的价格将达到1美分/度。[2] 随着

---

[1] 美国拉扎德(Lazard)咨询公司:《2018年美国发电成本全披露:风电、光伏、燃气最便宜》,《国际能源小数据》,2018年11月。

[2] 《中东地区光伏市场分析》(https://www.nengapp.com/news/detail/2371991)。

核电、水电、光伏发电和风力发电等替代能源和可再生能源的发展，可再生能源与化石能源在世界初级能源结构中的比重已经在发生变化。仅从2010年到2018年这短短的八年来看，可再生能源占比从13.1%提升到15.3%；而同期煤炭的占比从29.5%下降到27.2%；石油的占比从33.7%略微降到33.6%；天然气占比仍然保持了发展势头，但占比提升的幅度不大，仅从23.7%提高到23.9%。[①]

能源使用效率的变化可以用世界经济增长的石油需求弹性系数（同一时期石油消费增长速度/GDP增长速度，反映GDP实现一个单位的增长所需要的石油消费增长幅度，也是经济增长的能源密度）来测定。本报告采用世界银行数据库提供的世界经济增长（按2010年美元固定价格计算）数据和英国石油公司出版的《英国石油公司世界能源统计评论》提供的世界石油需求数据进行测算的结果是：就世界经济增长与初级能源消费总量的关系而言，1997—2007年，世界经济年均增长3.4%，初级能源消费需求年均增长2.4%，经济增长的能源需求弹性系数为0.71；2007—2017年，世界经济年均增长2.4%，初级能源消费需求年均增长1.5%，经济增长的能源消费弹性系数下降

[①] BP, *BP Statistical Review of World Energy 2012 & 2019*, London, 2012 & 2019.

到0.55。具体到世界经济增长与石油能源的关系来说,世界经济增长的石油密度下降也非常明显。1987—1997年,世界经济年均增长2.9%,石油消费需求年均增长1.5%,经济增长的石油需求弹性系数(石油密度)为0.52;1997—2007年,世界经济年均增长3.4%,世界石油需求年均增长1.6%,经济增长的石油需求弹性系数下降到0.47;2007—2017年,世界经济年均增长2.4%,世界石油需求年均增长0.9%,经济增长的石油需求弹性系数进一步下降到0.38。展望未来,欧佩克报告预计,2017—2040年世界经济的年均增长率为3.4%,而石油需求年均增长率为0.6%,世界经济增长的石油需求弹性系数将进一步下降到0.18。[①] 能效的提高和经济增长的能源密度下降,意味着经济增长对包括石油、天然气在内的能源依赖程度趋于减小。

(二) 石油、天然气需求受到不同程度的影响

在替代能源、可再生能源发展和节能提效的影响下,石油需求受到遏制已经相当明显,而天然气需求

[①] James Griffin (ed.), *World Oil Outlook 2040*, OPEC Secretariat, Vienna, September 2018, p. 5, 10.

受到的影响也初见端倪。尽管目前石油、天然气能源需求受到的影响在全球范围内还没有表现为绝对数量的下降，而是表现为增长速度的放缓，但在一部分工业发达国家，这种绝对需求数量的下降已经成为现实。随着这种趋势的继续发展，全球范围的石油、天然气需求"封顶"，甚至转入绝对数量下降的那一天终将到来。

1. 世界石油需求的增长已经接近全面"封顶"

根据国际能源署和欧佩克的预测，世界石油需求在2040年期间还会有所增长，并且在2040年的时候依然会坐在世界第一大初级能源的宝座之上。但是，石油需求的增长速度会稳步放慢。越来越多的专业机构和专家认为，世界石油需求将在2040年前后，甚至更早的时候停止增长，也就是出现石油"需求封顶"的景象。① 欧佩克的预测是，世界将在21世纪30年代

---

① 《欧佩克：石油需求2040年或见顶》，《经济参考报》2016年11月10日（http://finance.china.com.cn/industry/energy/sytrq/20161110/3978896.shtml）；David Sheppard, "Peak Oil Demand for 2036", *Financial Times*, 16 July 2018 (https://www.ft.com/content/a12af4be-85cf-11e8-96dd-fa565ec55929); Nick Cunningham, "BP Sees Peak Oil Demand in 2030s", Oil Price.com, 23 Feb. 2018 (https://oilprice.com/Energy/Crude-Oil/BP-Sees-Peak-Oil-Demand-In-2030s.html)；姜学峰：《全球油气格局与中国油气供需形势》，天然气工业网站（http://www.cngascn.com/homeNews/201812/34331.html，2018年12月20日）。

出现石油需求增长的"封顶"。"需求封顶"将是世界石油需求转入绝对减少的前奏。

从2018年到2040年,各个领域支撑石油需求的因素差别较大。有的领域仍有增长空间,有的领域则出现需求的绝对下降。

石油不仅是能源,也是化工原料。随着石油能源的需求受到越来越多的抑制,未来石油需求的增长将主要来自作为石化原料的需求。根据国际能源署的预测,这方面的增长在2025年以前会非常强劲,因为许多国家,特别是美国、中国和中东国家的许多公司都宣布了石化工业增加产能的计划。全球用作化工原料的石油在2018—2040年会增加300万桶/日。欧佩克的预测与国际能源署大致相同,但更为乐观,认为石化需求的增量最大,在2017—2040年将增加450万桶/日。

从石油能源的需求来看,道路运输是石油需求的主要领域。据欧佩克的数据,2017年为4360万桶/日,占全球需求的45%。在交通运输领域,卡车、航空、航运的石油燃料需求仍然会增长。根据国际能源署的数据,卡车用油目前是1500万桶/日,到2040年的用油增量仅次于石化原料用油。能源效率也将比现在提高。航空用油在2018—2040年将增加50%,在石油总需求中的占比将从目前的7%提高到10%。航运燃料的石油需求仍然会增加150万桶/日。但是随着电动车的发展，轿车用油将在21世纪20年代后期"封顶"。到2040年的时候，将有3.3亿辆电动车在公路上奔驰，占全球轿车数量的15%。全球城市大巴车在2040年将增加35%，其中25%也将是电动车，因此大巴车用油的增长不会太快，到2040年只有10万桶/日。根据欧佩克预测，从总体上看，道路运输的石油消费量在2040年可以增加到4780万桶/日。随着铁路电气化的发展，火车燃油的石油需求会有所下降。在工业领域，工业燃料油主要用于在化工和水泥行业的蒸汽和热量生产，以及为制造业提供设备的动力。预计2018—2040年的工业燃料油消费量将不会增长，基本维持不变，为600万桶/日略强。在建筑领域，目前65%的建筑用油都集中在发展中国家，主要被用于照明和供暖等。但发达国家的建筑用油数量在大幅度减少，美国和欧洲的用量将会分别减少70%和80%，因而建筑用油的数量也不会有大的增加。农业部门、炼油厂、石油开采以及非能源用途如沥青和润滑油等，没有什么非石油产品可以替代。因此，这个领域的石油需求将增加100万桶/日略强。但在发电领域，可再生能源发电越来越成为新趋势，因此发电用油在2018—2040年将减少40%。欧佩克预测，电力工业的需求在全球呈下降趋势，同期将减少110万桶/日。

由于石油能源在交通、建筑和产业三大领域受到替代及面临需求的减少。因此，尽管世界对石油的需求还在增长，但这种增长将越来越缓慢，远远比不上替代能源需求的增长速度。石油与替代能源这种此消彼长的发展趋势，导致石油在世界初级能源结构中的比重不断下降。这一比重已经从20世纪80年代末50%的高位持续下降到2018年的31.4%。[①] 国际能源署认为，全球石油需求的增长速度在今后20年将会继续放慢。在2025年以前每年增加大约100万桶/日，而在30年代每年仅会增加10万桶/日，石油需求的总量在2018—2040年将从9700万桶/日缓慢增长到1.06亿桶/日的水平。[②] 欧佩克的预测与国际能源署的方向相同，但略为乐观，认为石油需求将从2015—2020年的每年增加160万桶/日，放慢到2035—2040年的每年增长20万桶/日。这种需求增长逐渐接近停滞的现象并不意味着石油需求绝对减少，而是意味着石油需求量将进入一个相对稳定的平台期。在不会太久的将来，石油需求增长的时代有可能一去不返。预计2040年石油需求占比将进一步下降到27.8%。欧佩克对于世界石油需求的预测与国际能源署基本一致，但略为

---

① Edmund Hosker (ed.), *World Energy Outlook 2019*, IEA, Paris, p.38.

② Ibid., p.129.

乐观一些。其认为石油在世界能源结构中的占比在 2040 年的时候将下降到 28%。

2. 世界天然气需求的增速不及可再生能源

天然气虽然也是化石能源,但却是化石能源中碳含量最低的最清洁化石能源,所以在一定时间之内,受到的影响不如煤炭和石油那样明显。而且在现阶段可再生能源还没有能力全部取代石油和煤炭的时候,仍然不失为高碳化石能源与无碳可再生能源之间的一种中间选择。因此,世界天然气需求仍然处在较快的增长期,国际能源署甚至认为,世界正在进入"天然气的黄金时代"。2018 年天然气在世界初级能源结构中的占比已上升到 22.9%。预计天然气需求 2030 年将以 38.9 亿吨石油当量的规模超过煤炭,成为世界第二大初级能源;而在 2040 年的时候达到 44.5 亿吨石油当量,在世界初级能源结构中占比 25%,距离取代石油的第一大能源地位,只有一步之遥。[①]

未来天然气需求的增长主要依靠以下一些因素支撑。根据国际能源署的预测,按照天然气需求的用途分类,2018—2040 年,全球天然气需求将从 39520 亿立方米增加到 54040 亿立方米。其中在发电领域从

---

① Edmund Hosker (ed.), *World Energy Outlook 2019*, IEA, Paris, p. 38.

15170亿立方米增加到19360亿立方米，在工业领域从9090亿立方米增加到14740亿立方米。工业领域的天然气需求越来越多地来自炼钢和石化（主要是化肥），以及中小型制造业（例如纺织、食品加工、玻璃和瓷砖等），工业锅炉供热等，特别是中国、中东和印度在这些方面的需求增长较快。在建筑领域，将从8460亿立方米增加到9980亿立方米。全球建筑领域天然气需求增长的45%，将来自中东国家的海水淡化需求。这方面的需求到2040年会达到900亿立方米，主要是为了提供饮用水。炊事用气的增长也是建筑用气的增长来源。在运输领域，将从1370亿立方米增加到2950亿立方米。压缩天然气（CNC）和液化天然气也会有较快的发展。其中压缩天然气主要用于轿车，液化天然气主要用于船舶和大型公路车辆，例如卡车和大巴等。未来天然气需求的增长主要来自中国和美国，印度和中东国家的天然气需求也会有较快的增长。

但是，天然气毕竟也是化石能源。从长远的角度来看，更加清洁的可再生能源，特别是风电、光伏发电和核电等对天然气能源地位的挑战正在形成之中。在发电初级能源中，可再生能源的占比已经超过了天然气。在国际能源署对2018—2040年发电能力的预测中，煤电的比重将从38%下降到25%，天然气和核电的占比将不会进一步扩大，分别稳定在20%和10%。

而同期可再生能源的占比将从26%大幅度提高到44%。根据国际能源署预测，在21世纪20年代中期，欧洲和日本等发达国家的天然气发电需求将"封顶"并进入平台期，甚至下降到2018年水平以下。而可再生能源作为世界电力工业的最大初级能源的地位将不断强化，同期发电能力增长的3/4都将来自可再生能源，主要来自太阳能和风力发电。[1] 由于可再生能源发电的替代，欧盟的建筑用气在2018—2040年将下降大约2/3。[2] 因此，天然气需求虽然今天仍然旺盛，但其发展空间的局限已经依稀可见了。

（三）产能过剩和供给竞争已成为市场大趋势

尽管世界石油、天然气的需求已经开始受到可持续发展观的冲击，但今天的世界石油、天然气需求仍然是巨大的，石油、天然气产业的发展仍然充满活力。在充足的资源储量和技术进步的支撑下，世界石油、天然气的供给能力，一直呈现出不断扩大的趋势。近年来，石油、天然气生产能力超过需求的现象越来

---

[1] Edmund Hosker (ed.), *World Energy Outlook 2019*, IEA, Paris, p. 253.

[2] Ibid., p. 378.

明显，供过于求的趋势已经形成，卖方竞争日趋激烈。国际石油、天然气贸易有可能长期定格在卖方市场。随着工业发达国家的石油、天然气市场饱和甚至缩小，以及亚洲市场所保持的扩大趋势，卖方竞争的主战场正在转向亚洲，特别是中国。

1. 提高供给有充足的资源保障和技术支持

世界石油、天然气供应是有充足的资源作为支撑的。自从美国石油地质学家马里昂·金·哈伯特（M. King Hubbert）在 20 世纪 50 年代做出的关于美国石油产量将在 70 年代"封顶"的预言应验以后，关于世界石油也总有一天会遭遇"产量封顶"的梦魇，就一直在国际石油市场上游荡。然而，后来的石油、天然气勘探开发实践证明，这只是不必要的担忧。从国际石油、天然气的统计数据来看，尽管越来越多的石油和天然气被开采，但探明储量总是因勘探的进展而得到源源不断的补充，石油探明储量的补充速度甚至超过了石油开采的速度，因此石油的储采比不但没有下降，反而趋于上升。以 2003 年与 2018 年相比，如果按照数据当年的开采速度，世界石油储采比从 41 年提高到 50 年。[①] 因此，21 世纪以来，国际石油市场上的"产

---

① BP, *BP Statistical Review of World Energy 2004 & 2019*, London, 2004 & 2019.

量封顶"论已经烟消云散，不再有人对石油资源的耗尽而忧心忡忡。世界天然气的资源量也是比较充足的。2018年的储采比为50.9年。美国（页岩气）、伊拉克（石油伴生气）、中国及非洲都有很大的天然气增产潜力。伊朗是世界上最大的天然气资源国，一旦对伊朗的制裁解除，南帕尔斯气田开发投产，将使国际天然气市场的供应能力显著提高。

勘探开发技术的层出不穷，为石油、天然气的充足供应提供了保障。20世纪70年代到80年代初两次石油危机爆发后，人们一度对世界石油储量是否充足以及中东石油供应风险忧心忡忡。但随之出现的一轮新技术开发应用热潮，很快使这种担忧烟消云散。三维和四维地震勘探技术的应用、新测井技术和控制设备以及可视性钻探设备的使用、水平钻井和定向钻井技术的应用、平台设计和建造技术的改进、计算机数据处理技术的应用、公司管理技术的改进等一系列技术进步，大大提高了全球范围内石油勘探开发的效率。中东以外地区新的石油、天然气资源不断被发现，老油田的回采率得到提高，高成本油田的开发生产成本逐渐下降。这一轮新技术开发应用热潮使中东以外地区一大批新的石油供应者进入市场，而且在国际石油市场上站稳了脚跟。近年来在美国叱咤石油、天然气市场的页岩油和页岩气技术，也是在这一时期得到开发和应用的。美国莱斯大学贝克研究所在 1999 年发表的一份报告认为，分析家们在预言非欧佩克现象会好景不长的时候并没有想到，技术进步会显著地降低边际储量的开发成本，增大发现新储量的概率，同时提高现有储量的回采率。该报告指出，1995 年美国利用三维地震技术发现了从前无法勘探到的蕴藏在盐层以下的石油、天然气资源，这一发现可以使未来的产量高达 1 亿—3 亿桶/日石油当量；而平台设计和建造技术的改进则使深水勘探成本由 12—15 美元/桶石油当量降低到 4—6 美元/桶石油当量。从 20 世纪 80 年代到 1998 年，技术进步使美国的石油、天然气发现成本从 15 美元/桶石油当量下降到 5 美元/桶石油当量。该报告还认为，新技术的采用可以使石油储量的回采率提高 10%—20%。[①] 技术进步的直接后果是，20 世纪 80 年代以来非欧佩克生产者的生产成本总体上呈现大幅度下降趋势。根据国际能源署的一份报告所引用的数据，1981—1998 年，在中东欧佩克成员国以外的国家，石油生产成本（包括发现、开发和开采成本）从 21 美元/桶减少到了 9.4 美元/桶。

20 世纪 60 年代以来，液化天然气技术的快速发展，使原来严重依靠管网运输的天然气突破了地域限

[①] 杨光：《级差地租与欧佩克市场战略》，《西亚非洲》2001 年第 2 期。

制，有了新的远途和跨洋运输手段。21世纪以来，LNG贸易的规模加快发展。特别是美国、法国和日本在天然气产地先后发展起了大规模的LNG生产和LNG海上运输业，极大地推动了全球范围内天然气的供给和消费。如今，全球液化天然气的供应量已经在世界天然气贸易中占据半壁江山。2003—2018年，LNG贸易量从每年1688亿立方米增加到4310亿立方米，在世界天然气贸易中的占比从27.1%提高到45.7%。[①]

2. 潜在的供给能力还没有得到充分发挥

世界石油、天然气供应的能力并不限于目前市场上的供应数量，还应当包括尚未发挥出来的潜在供应能力。这些潜在供应能力或者因为市场调控的原因而暂时处在剩余产能的状态，或者因为地缘政治原因而被限制发挥。因市场调控原因而存在的剩余产能主要存在于沙特阿拉伯和俄罗斯。这两个国家在2017年以来采取联合限产报价的政策，减少了产量。沙特阿拉伯的可持续生产能力一般被认为是1200万桶/日，但目前的实际生产能力为900多万桶/日，剩余生产能力接近300万桶/日。俄罗斯从2017年以来，一共减产了50.8万桶/日。其他主要石油输出国如阿联酋和科

---

① BP, *BP Statistical Review of World Energy 2003 & 2019*, London, 2003 & 2019.

威特等，也有一定的剩余产能。伊朗是一个石油和天然气储藏量都非常丰富的国家。石油生产能力超过400万桶/日，出口能力超过200万桶/日。伊朗的计划是把生产能力进一步提升到560万桶/日。伊朗的南帕尔斯气田储量巨大，使伊朗成为世界最大的天然气资源国。伊朗也制定了大规模分期开发该气田的宏伟计划。但是，由于21世纪以来伊朗核问题爆发，伊朗先是遭受西方国家单方面制裁和联合国制裁，后来又有美国推出《伊朗核协议》和严厉的单方面制裁，南帕尔斯气田开发计划始终无法进行。2018年以来，伊朗的石油出口也在美国的单方面制裁下，减少到大约40万桶/日的水平。委内瑞拉是拉美主要石油输出国，具有336万桶/日的石油生产能力。但2019年美国因支持委内瑞拉反对派，试图推翻委内瑞拉现任总统，对委内瑞拉实施石油制裁。在美国单方面制裁下，委内瑞拉的石油产量急剧下降，2019年4月已经下降到只有86万桶/日的水平。利比亚是一个拥有160万桶/日生产能力的石油输出国。该国在2011年爆发推翻卡扎菲政权的动乱后一直处于内战状态，外国势力和恐怖主义组织纷纷插手利比亚乱局，石油生产受到极大影响。2020年3月利比亚石油产量已经下降到9.8万桶/日。这些因市场调整和地缘政治原因而蓄势待发的石油供应能力加在一起，应当不少于900万桶/日，和当前沙特阿拉伯的产量差不多。一旦条件成熟，这些蓄积的产能都会成为石油、天然气供应的重要来源。

3. 长期过于求的市场趋势已经形成

石油、天然气能源需求因受到替代能源发展、节能和能源效力明显提高的遏制而放慢增长速度，而石油、天然气供应的能力却随着探明储量和技术进步而不断扩大。世界石油、天然气供求的这两种趋势相对而行的必然后果，便是21世纪以来世界石油、天然气供过于求趋势的发生。未来，随着这一趋势的延续，供过于求的格局有可能更加严重。供过于求的加重将导致石油、天然气供给方的竞争加剧，给石油、天然气价格的前景蒙上阴影。

（1）石油供过于求，亚洲成为竞争的主战场

国际能源署和欧佩克一致预测，世界石油的供应能力在2018—2040年总体上将继续保持增长。目前，世界上蓄势待发的供应能力很大，主要来自已经投产和即将投产的美国、墨西哥和阿根廷的页岩油项目，美国、墨西哥、巴西和圭亚那的深海油田，沙特阿拉伯的浅海油田，伊拉克、哈萨克斯坦和北非的陆上油田，非洲的小型油田，以及自2017年以来欧佩克与非欧佩克石油输出国联合"限产促价"行动中积累起来的剩余产能，特别是沙特阿拉伯和俄罗斯的剩余产能。

在世界石油需求增长放慢的大环境下,所有石油增产和具有出口潜力的国家的所有产能,都面临着到哪里竞争出口市场的问题。

然而,在石油、天然气生产能力大幅度提升的同时,国际石油、天然气进口市场格局的结构性变化将继续延续。2018—2040年,全球石油需求量将从9690万桶/日增加到10640万桶/日。随着替代能源发展、节能和提高能效,发达国家石油需求量的绝对减少从20世纪90年代就已经开始,在2018—2040年将继续延续,已经不能为增加的供给能力提供市场。其中北美的石油需求量将从2280万桶/日减少到1910万桶/日,美国石油需求量减少的90%将来自电动车的发展和减少轿车用油。欧洲的石油需求量将从1320万桶/日减少到870万桶/日。石油需求量减少的主要因素包括轿车用油的减少,以及落实在新建住房使用燃油锅炉的新规定。日本的石油需求量将从360万桶/日减少到200万桶/日。一些中等和上中等收入的发展中国家因缺乏经济快速增长的前景,石油需求量只会出现微弱的增长。中美和南美洲国家的需求量从580万桶/日增加到650万桶/日,俄罗斯将保持320万桶/日的需求量不变。真正能够对世界石油需求的增长产生推动作用的是中国和印度。同期中国的石油需求量预计将从1250万桶/日增加到1550万桶/日。随着电动车的发展及轿车用油在 2030 年左右"封顶",中国石油需求的增长可能从 21 世纪 30 年代开始放缓,但石化用油和航空(因国内旅游业发展所致)用油将继续保持稳步增长。石油总需求将在 30 年代达到 1570 万桶/日的时候"封顶"。印度的石油需求量将从 470 万桶/日增加到 900 万桶/日,其石油需求的增量是世界最大的。印度石油需求的增量中 1/3 来自卡车,1/4 来自轿车数量的大幅度增长,15% 的增长来自石化原料的需求。中东、非洲和东南亚的石油需求也会有一定程度的增长。中东地区从 750 万桶/日增加到 1020 万桶/日,但需求增长最大的为石化工业原料。非洲将从 390 万桶/日增加到 700 万桶/日,需求增长主要来自运输业,同时也来自柴油(备用发电机)和 LPG(作为炊事燃料替代传统的生物质燃料)。东南亚地区将从 530 万桶/日增加到 690 万桶/日。但从石油进口需求来看,中东是石油净出口地区,并没有石油净进口需求;非洲总体上石油出口和进口都有,能够提供的净进口需求有限。因此,世界未来石油需求进口的增量将主要来自亚洲国家,特别是中国和印度。[①] 预计在 2018—2040 年,石油进口量的变化情况是,中国从 940 万桶/日增加到 1330 万桶/日,并将成为世界第一大石油消

---

① Edmund Hosker (ed.), *World Energy Outlook 2019*, IEA, Paris, p. 135.

费国；印度从370万桶/日增加到840万桶/日；其他亚太国家从710万桶/日增加到1070万桶/日，欧盟从1090万桶/日减少到750万桶/日，日本和韩国从610万桶/日减少到420万桶/日。[①]

在世界石油需求和进口需求增长前景的引导下，市场竞争的重点有可能向亚洲，特别是向中国和印度市场转移。在日益供过于求的国际石油市场上，不仅中东和俄罗斯等传统石油、天然气输出国将把出口重点逐步从欧洲、美国和日本转向中国和印度等亚洲国家，新兴的石油、天然气输出国，特别是美国也将参与亚洲市场的激烈竞争。美国作为新兴的石油、天然气输出国，出口量不受产量配额的约束，势必为亚洲石油、天然气市场的激烈竞争火上浇油。亚洲石油市场将成为石油卖方趋之若鹜的竞争主战场。

值得注意的是，这些国际石油市场的主要竞争者，都是一些生产成本较低的石油生产国。中东国家的石油、天然气生产成本最低，俄罗斯生产成本也不高，美国页岩油生产成本在40美元/桶的价格下就能够存活。光伏发电和风力发电等替代能源的成本日益接近煤炭发电的成本。因此，在国际能源成本已经普遍降低和激烈的卖方市场竞争条件下，国际石油价格能否

---

① Edmund Hosker（ed.），*World Energy Outlook 2019*，IEA，Paris，p. 145.

像国际能源署所预测的那样,在 2030 年接近每桶 90 美元,到 2040 年达到每桶 103 美元,仍然是一个问号。如果按照固定汇率计算,油价可能难以达到这样的水平。

(2) 天然气供过于求,竞争主战场也在亚洲

从未来天然气供应的格局来看,许多地区和国家都有较大的增产潜力,预计供应能力会有较大幅度的增长。按照国际能源署的预测,[①] 2018—2040 年,世界天然气产量将从 39730 亿立方米增加到 54040 亿立方米。2025 年以前,世界天然气产量的增长将主要来自页岩气,此后常规天然气的产量增长速度将超过页岩气,成为世界天然气产量增加的主要来源。同期页岩气在世界天然气产量中的比重将从 14% 提高到 24%。从增产的来源来看,除了欧洲的产量将从 2770 亿立方米下降到 1880 亿立方米以外,其他各大洲的产量都会增长。北美产量将从 10830 亿立方米增加到 13760 亿立方米,增产主要依靠美国的页岩气;美国到 2025 年的时候将增产将近 2000 亿立方米,其中一半以上用于出口。到 2040 年的时候,美国生产的天然气会超过中东地区的全部产量,从而使美国成为国际天然气市场的最主要竞争者。中南美地区的产量将从

---

① Edmund Hosker (ed.), *World Energy Outlook 2019*, IEA, Paris, p. 178.

1770亿立方米增加到2850亿立方米，增产来源主要是阿根廷。非洲的产量将从2400亿立方米增加到5080亿立方米，增加的产量主要来自莫桑比克、埃及、阿尔及利亚和尼日利亚等国。中东的产量将从6450亿立方米增加到10160亿立方米，增产主要依靠卡塔尔、伊拉克、伊朗和沙特阿拉伯等国，其中伊拉克和沙特阿拉伯主要生产石油伴生气。欧亚地区的产量将从9180亿立方米增加到11430亿立方米，增量主要来自俄罗斯、土库曼斯坦和阿塞拜疆等国。亚太地区的产量将从5980亿立方米增加到8890亿立方米，增产主要靠中国、澳大利亚、印度和印度尼西亚等国。所有这些具有天然气增产和出口潜力的国家，除了中国这样的天然气净进口国外，都将更深地卷入世界天然气出口市场的竞争中去。

然而，国际天然气进口市场的结构性变化已经发生。曾经是世界天然气出口主要市场的欧洲和日本，天然气消费的对外依存度很高，2018年分别为75%和98%，预计2040年会进一步提升到90%和99%。但是，它们的天然气市场都已经饱和并呈现绝对缩小的趋势，不再有市场扩展的空间。2018—2040年，欧洲的天然气需求将从6070亿立方米减少到5570亿立方米，日本的需求将从1200亿立方米减少到890亿立方米。未来世界天然气需求的增量将主要来自欧洲和日本以外的地区和国家，但一些地区和国家天然气需求量的增加并不意味着天然气出口市场的扩大。这一时期，北美的需求量将从10670亿立方米增加到12210亿立方米，俄罗斯的需求量将从4850亿立方米增加到5140亿立方米，中东的需求量将从5350亿立方米增加到8070亿立方米，非洲的需求量将从1580亿立方米增加到3170亿立方米。但这些国家和地区都是天然气的净出口国，并不会为天然气出口提供额外的市场。

真正能够为世界天然气出口提供额外市场的只有亚洲。其中，东南亚的需求量将从1630亿立方米增加到2950亿立方米，印度的需求量将从620亿立方米增加到1960亿立方米，中国的需求量将从2820亿立方米增加到6550亿立方米。特别值得指出的是，未来20年中国天然气消费需求量将增加一倍以上，比亚洲所有其他发展中国家的增量总和还要多。用天然气取代住宅供暖和工业的燃煤需求，以便改善空气质量和减少二氧化碳的排放，是推动中国天然气增长的主要动力。与世界平均水平相比，中国的天然气需求扩展还有较大的空间。目前天然气在中国工业能源需求中仅占7%，而在全球工业能源需求中的占比高达22%，目前中国只有12%的住宅供暖需求是通过天然气满足的，这一比例与工业发达国家相比也有明显的差距。国际能源署预计，在2040年以前，中国的工业和住宅天然气需求都会增加一倍以上。在2040年的时候，天然气在中国初级能源结构中的占比将从目前的8%提高到13%。即便如此，中国的天然气能源比重仍然低于全球的平均水平，因而仍然存在市场扩展的空间。中国和印度等国家天然气进口需求的增加不仅表现为数量的增长，而且也表现为对进口依存度的提升。根据国际能源署的预测，在2018—2040年，中国的天然气进口量将从1220亿立方米增加到3530亿立方米，天然气需求的进口依存度将从43%提高到54%；印度的进口量将从300亿立方米提高到1150亿立方米，需求的进口依存度将从48%提高到58%。国际能源署认为，到2040年的时候，中国将是世界最大的液化天然气进口市场，中国进口的液化天然气会比位居第二的进口国印度多一倍，中国的进口量在2040年将基本达到全欧洲的进口量水平。

因此，无论是失去美国、欧洲和日本传统市场的老牌天然气输出国，还是新兴的天然气输出国，都必须到亚洲来寻求新的市场空间，尤其不能忽视的是巨大的中国市场。亚洲，特别是中国，必将是未来天然气卖方竞争的主战场。

二 中国离不开从中东进口石油、天然气

在21世纪中叶之前,中国经济将完成历史性的跨越。以习近平同志为核心的党中央,综合分析国际国内形势和我国发展条件,提出了新时代的"三步走"战略,即2020年全面建成小康社会,2035年基本实现社会主义现代化,2050年把我国建成富强、民主、文明、和谐、美丽的社会主义现代化强国。这个中国从发展中国家向发达国家过渡的过程,离不开石油、天然气能源的支持,将是石油、天然气需求不断扩大的时期。根据中国专家的判断,中国的石油需求增长平台期有可能比世界石油需求增长平台期稍晚一些到来。天然气的需求将保持快速增长。由于国内石油、天然气资源有限,国内石油、天然气的供应缺口会不断扩大,增加进口是不可避免的。出于资源禀赋、运输条件和安全战略等方面的考虑,中东必将继续成为中国进口石油的主要供应来源,从中东扩大液化天然气进

口，也势在必行。中国的能源安全离不开中东。

（一）国内石油、天然气生产供不应求

中国将长期依赖石油、天然气进口，这是由中国国内石油需求和供给之间的矛盾发展所决定的。一方面经济增长和能源结构优化将不断扩大石油、天然气需求；另一方面国内石油、天然气资源的不足将不断扩大国内石油、天然气供应缺口。国内石油、天然气供求失衡将不断扩大对进口的依赖。

1. 经济快速增长不断扩大石油、天然气需求

21世纪上半叶，是中国经济发展的关键时期。要实现在2050年把我国建成富强、民主、文明、和谐、美丽的社会主义现代化强国的目标，必须保持较快的经济增长速度。中国的专家学者对于中国长期经济增长速度的预测众说纷纭。但一个共同点是，至少在2030年之前，中国经济仍将保持较高速度的增长。林毅夫等中国知名经济学家预测，在2030年以前，中国经济有望保持每年6%—10%的增长速度。[①] 胡鞍钢认

---

① 李连：《中国经济长期增长预测情况》，百度文库（https://wenku.baidu.com/view/026edfa7a48da0116c175f0e7cd184254b351bef.html，2019年3月11日）。

为，2030年之前中国经济有望保持每年7.5%的增长速度。① 即便是根据比较悲观的预测，中国在2030年以前也可以保持5%—6%的实际增长速度。②

中国作为一个发展中国家，每实现国内生产总值一个单位的增长，需要比工业发达国家消费更多的能源。这是因为，一方面，中国的发展中国家经济特点决定，在快速的经济增长过程中，许多高能耗的产业和领域都会经历快速发展。中国的交通运输业尤其是汽车、航空、内河航运等将迅速发展，机械、化工、建材等高耗能产业仍将在产业结构中占据重要地位，发电用重油和农用轻油的需求都将不断上升，贫困问题的解决、城市化进程的推进和人民生活水平的普遍提高，将使越来越多的居民成为现代能源的消费者。这些发展变化将对能源特别是石油、天然气的需求产生强大的动力。另一方面，中国的能效水平与世界先进水平相比还有差距。较低的能源效率也就意味着，要生产同样数量的同样产品，需要消费较多的能源。中国能效经济委员会发布的《中国能效2018》指出，中国工业部门特别是高耗能行业很多产品的单位产品能耗水平与国际先进水平相比，仍有10%—30%的差

---

① 胡鞍钢:《未来20年中国经济仍将保持高速增长》,《经济参考报》2013年8月12日。
② 姜超等:《未来10年中国经济靠什么增长?》,《宏观热评》2019年第39期。

距，在钢材、水泥、乙烯、平板玻璃、烧碱等行业，差距还比较明显。工业领域仍然是中国节能工作的重中之重。① 因此，中国的能源需求结构特点以及能源使用效率的差距决定，中国每生产一个单位的国内生产总值所需要消耗的能源虽然已经低于一些主要发展中国家，但与工业发达国家还有很大的差距。如果以2018年每生产1亿美元国内生产总值所消耗的能源（石油当量）进行比较，德国为8205吨、日本为9134吨、美国为11198吨、中国为24055吨、印度为29764吨、越南为34991吨。② 因此，与工业发达国家相比，中国的经济增长显然对能源消费有更大的依赖性。

快速的经济增长和较高的能源依赖程度，决定了中国在未来的很长时期，仍然处在能源消费的快速增长区间。一个国家的经济增长对能源消费需求的依赖程度，也称为经济增长的能源密度，通常可以用经济增长的能源需求弹性系数表示。这个弹性系数所表达的，是在同一时期之内，能源消费量的增长与国内生产总值增长之间的关联。从2007—2017

---

① 高强：《中国能效经济委员会发布〈中国能效2018〉报告》，新疆维吾尔自治区生态环境保护产业协会网站（http://www.xjhbcy.cn/hbcyxh/zxzx/xhdt/286101/index.html，2019年1月25日）。

② 世界银行网站"世界银行数据库"，*BP Statistical Review of World Energy 2019*, London, 2019（https://databank.worldbank.org/home.aspx）。

年的数据来看，主要工业发达国家如美国、日本、德国等的经济在同期分别年均增长3%、0.07%和0.07%，但这些国家的初级能源年均消费量却分别减少了0.4%、1.4%和0.6%。这说明，这些国家每增加一个单位的GDP产出，不但不需要增加能源消费，反而减少了能源的消费。因此，它们的经济增长的能源消费弹性系数已经是负数。而中国因产业结构的特点和能源效率仍然比较低，因此每增加一个单位的GDP产出，仍然要增加能源消费。2007—2017年，中国的国内生产总值年均增长9%，初级能源消费年均增长3.9%，也就是说，要实现一个单位的GDP增长，就需要增加0.43个单位（能源弹性系数）的初级能源消费。从能源弹性系数的国际比较来看，中国目前的能源密度仍然属于世界较高的水平，特别是远远低于工业发达国家水平，大致与世界平均水平持平，仅略好于一些石油、天然气输出国和印度（同期印度的能源弹性系数为0.64）、越南（同期越南的能源弹性系数达0.84）等南亚、东南亚国家。在这段时间的中国初级能源结构中，石油占比略有提高，2007年占比17.6%，2017年占比19%；天然气的占比提高比较明显，2007年占比2.8%，2017年占比6.6%。因此可以说，中国经济增长对石油和天然气消费需求的增长，比对于能源需求的总体增长还要更快一些。①

2. 石油、天然气在能源结构中的地位比较稳固

从发达国家的能源现代化经历来看，以优质能源取代传统能源是能源结构变化的普遍规律和大趋势。20世纪60年代中期，石油取代煤炭，在世界能源消费结构中占据了主导地位，是煤炭取代柴薪之后，世界能源结构优化的又一个里程碑。由于石油的可燃性好、热值高、污染少、运输方便、用途广泛，因而相对于煤炭等传统能源而言，具有明显的优势。从20世纪70年代开始，在可持续发展理念和能源安全需要的推动下，能源结构变革又掀开了一个新篇章，开启了天然气和可再生能源取代石油的进程。这一进程表现为天然气和可再生能源在世界初级能源结构中占比的提高趋势。但迄今为止，在世界范围内，石油在初级能源结构中的主导地位还没有发生根本性的动摇。

中国的能源结构变化大致遵循了同样的路径，但也有自身的特点。在2018年中国的初级能源结构中，各类能源的占比情况是：煤炭58.3%，石油19.6%，水电8.3%，天然气7.4%，可再生能源4.4%，核能

---

① 数据来源：BP, *BP Statistical Review of World Energy 2019*, London, 2019；世界银行网站"世界银行数据库"（https：//databank.worldbank.org/home.aspx）。

2%。中国有丰富的煤炭资源，长期以来以煤炭为主要能源，石油从来没有取代煤炭的统治地位。迄今为止，中国能源结构的变化趋势，主要是一个包括石油和天然气在内的其他能源逐渐取代煤炭，以及煤炭在初级能源结构中的占比逐渐下降的过程。石油需求的增长有可能在21世纪30年代开始进入平台期，但还不会马上转入下降期。天然气需求有可能在2040年以前一直保持旺盛的增长，这种增长很可能持续到2040年以后。因此，无论是石油还是天然气，它们在中国能源结构中的地位，在21世纪前半叶，尚不至于受到重大的挑战。根据中国专家学者的预测，至少在2020—2050年，石油、天然气都会在中国的初级能源结构中占比30%。[①] 中国对石油、天然气能源的依赖程度，只会增加，不会降低。而其需求量则会随着经济增长不断升高。

中华人民共和国成立以来，中国为推动非化石能源和可再生能源发展也进行了很大的努力，取得了明显的成就。1994年以前的可再生能源发展以沼气和水力发电为主。1995年以后，可再生能源的全面发展受到国家的高度重视和有力推动。《中共中央关于制定国民经济和社会发展"九五"计划和2010年远景目标的

[①] 谢克昌：《中国能源变阵433格局》，《能源评论》2017年第7期。

建议》要求："积极发展新能源，改善能源结构。"《1996—2010 年新能源和可再生能源发展纲要》也提出："要加快新能源的发展和产业建设步伐。"1998 年《中华人民共和国节约能源法》和 2006 年《中华人民共和国可再生能源法》的实施，以及 2007 年印发的《可再生能源中长期发展规划》，还有《中国可再生能源发展报告（2018）》，对中国的可再生能源发展提供了基本的指引和保障。随着中国政府的一系列政策举措的落实，中国的水电、风电、太阳能发电、生物质能、地热能等非化石能源和可再生能源发展很快。截至 2018 年底，可再生能源装机容量达到 72896 万千瓦，占全部电力装机容量的 38.4%。[①] 近年来，中国已经成为世界可再生能源第一大国。到 2019 年，中国水电、风电、太阳能发电的装机容量和核电在建规模已连续多年稳居世界第一。中国有丰富的水利资源。因此，在包括可再生能源在内的非化石能源中，水电大约占比一半。这也是中国能源结构的一个突出特点。但是，由于中国能源消费需求的增长很快，非化石能源和可再生能源在短期之内还无法取代煤炭、石油和天然气等化石能源在中国初级能源结构中的主导地位。2018 年包括核能、水电和其他可再生能源在内的所有

---

① 《中国可再生能源报告（2018）》，中国可再生能源学会网站（http：//www.cres.org.cn/html/tank/bg/1503.html，2019 年 12 月 11 日）。

非化石能源，在中国的初级能源结构中只占14.7%，[①]距离主要能源的地位，还有很长的路要走。

因此，无论如何，在中国实现新"三步走"目标的过程中，石油和天然气以及煤炭等化石能源，仍然是国家发展的主要能源保障。根据国际能源署的预测，中国三大主要能源的发展趋势是：煤炭需求将从2018年的2843百万吨原油当量增加到2025年的2943百万吨原油当量，然后开始转入需求下降过程，到2040年减少到2568百万吨原油当量；同时基本结束部分煤炭需要进口的状况（2018年净进口占需求的8%），重新恢复煤炭的自给自足。石油需求将从2018年的1250万桶/日增加到2030年的1560万桶/日，然后进入需求平台期，到2040年仍维持在1550万桶/日的水平。天然气需求将持续增长，从2018年的2820亿立方米增加到2040年的6550亿立方米。[②]

3. 国内生产能力受到资源不足的严重制约

中国是一个占世界人口18%的国家，虽然有一定数量的石油、天然气资源，但总量并不丰富，相对人口多的基本国情而言，数量更加有限。2018年底，中

[①] BP, *BP Statistical Review of World Energy 2019*, London, 2019.
[②] Edmund Hosker (ed.), *World Energy Outlook 2019*, IEA, Paris, PP. 224, 134 & 180.

国的石油探明储量达到35亿吨，排世界第11位，仅占世界探明石油储量的1.5%。当年中国的石油储采比只有18.7年，与50年的世界平均水平有很大差距。天然气探明储量61000亿立方米，排世界第7位，占世界探明储量的3.1%。当年中国的天然气储采比为37.6年，远低于50.9年的世界平均水平。[①]

中华人民共和国成立以来，石油工业获得了很大发展。1949年，中国的石油产量只有12.1万吨。以1959年大庆油田的发现为标志，石油工业进入大发展时期。1965年中国石油年产量达到1000万吨以上，基本实现了原油的自给自足。随着20世纪70年代大庆油田的全面开发，并相继发现华北、胜利、辽河等大型油田，1978年原油产量突破1亿吨，中国开始成为石油净出口国。2018年，中国石油产量达到1.89亿吨，排世界第7位。然而，随着改革开放的深入进行和中国经济的加速发展，国内石油产量越来越难以跟上石油消费需求的增长。陆上石油是中国石油工业的主体，占全国原油总产量的90%。东部地区的松辽油区（大庆、吉林油田）、渤海湾油区（胜利、辽河、华北、大港、中原等油田）原油产量占全国的75%，对于稳定全国产量具有重要的意义。但东部地区的油田相继进入开发后期，产量增长处于停滞状态。从

---

① BP, *BP Statistical Review of World Energy 2019*, London, 2019.

"七五"计划开始，中国实施"稳定东部、发展西部"的战略。在这一战略方针指导下，通过在东部油区实施稳油控水工程，优化注水系统，加密生产井，发展"三次采油"技术，拓展外围区块，滚动勘探开发等一系列措施，尽可能提高采收率，增加可采储量，但充其量只能保证东部原油产量平稳下降。西部是我国石油工业的战略接替地区，也是提高全国原油产量的希望所在。发展西部的重点是加快新疆的塔里木、准噶尔和吐鲁番—哈密盆地的勘探开发。但是，新疆三大盆地的地质条件复杂，自然环境恶劣，生产成本较高。我国自1982年成立中国海洋石油总公司以来，开展对外合作，开展海上石油开采。但是，尽管西部和海洋石油工业的产量都有所上升，但是东部、西部和海上油田的生产能力此消彼长，综合起来只能使中国的国内石油产量勉强维持在每年2亿吨左右的水平，无法生产出更多的石油去满足国内快速增长的石油消费需求。国内石油生产赶不上国内石油需求增长的直接后果是，石油的自给自足程度越来越低。中国1993年开始成为油品净进口国，1996年开始成为原油净进口国。目前，中国已经是世界最大的石油进口国。

我国现代天然气工业起源于台湾，标志性事件是1904年在台湾发现天然气田。1939年11月在重庆巴县石油沟钻井成功，发现了新的天然气田。中华人民共和国成立以来,进行了大规模的天然气勘探活动。在勘探开发基础上逐渐形成了鄂尔多斯盆地、四川盆地、塔里木盆地等天然气主要产区,天然气产量保持增长。中国生产的天然气以常规气和页岩气为主,也有少量的煤层气。21世纪以来,在科学发展观的引领下,中国的天然气消费需求增长迅速,国内产量尽管保持了增加的态势,但逐渐落后于需求的增长。中国从2006年开始进口液化天然气,2010年开始从土库曼斯坦进口管输天然气。总体上,中国从2007年开始成为天然气净进口国,天然气的自给自足率不断下降,2018年已经下降到51.7%。

表2-1　1993—2018年中国石油、天然气产量、消费量和自给率[①]

年份	石油产量（百万吨）	石油消费量（百万吨）	自给率（%）	天然气产量（10亿立方米）	天然气消费量（10亿立方米）	自给率（%）
1993	144.0	140.5	102.00	—	—	—
1994	146.0	149.5	97.73	—	—	—
1995	149.0	160.7	92.72	—	—	—
1996	158.0	174.4	90.88	—	—	—
1997	160.1	185.6	84.26	—	—	—
1998	160.2	190.3	84.18	—	—	—
1999	160.2	207.2	77.32	—	—	—
2000	162.3	226.9	71.50	—	—	—

---

① 数据来自BP, *BP Statistical Review of World Energy 2019*, London, 相关年份。

续表

年份	石油产量（百万吨）	石油消费量（百万吨）	自给率（%）	天然气产量（10亿立方米）	天然气消费量（10亿立方米）	自给率（%）
2001	164.8	232.2	70.97	—	—	—
2002	168.9	245.7	68.74	—	—	—
2003	169.3	252.3	67.10	—	—	—
2004	174.1	318.9	54.50	—	—	—
2005	181.4	326.8	55.50	—	—	—
2006	184.8	351.2	52.60	58.6	56.1	104.0
2007	186.3	369.3	50.44	69.2	70.5	98.2
2008	190.4	384.7	49.49	80.9	81.9	98.8
2009	189.5	400.6	47.30	85.9	90.2	95.2
2010	203.0	455.5	44.57	96.5	108.9	88.6
2011	202.9	472.4	42.95	106.2	135.2	78.6
2012	207.5	495.3	41.89	111.5	150.9	73.9
2013	210.0	517.3	40.60	121.8	171.9	70.9
2014	211.4	539.3	39.20	131.2	188.4	69.6
2015	214.6	573.3	37.43	135.7	194.7	69.7
2016	199.7	587.0	34.02	137.9	209.4	65.9
2017	191.5	610.7	31.58	149.2	240.4	62.1
2018	189.1	641.2	29.49	161.5	283.0	57.1

由于中国经济仍将保持快速的增长，石油、天然气需求量将继续上升，而国内生产与消费需求之间的缺口越来越大，增加的需求只能主要依靠增加进口来满足。因此，未来中国的石油、天然气对外依赖程度只会继续提高，扩大石油、天然气的进口依赖程度在所难免。根据国际能源署的预测，2018—2040年，中

国的石油进口量将从940万桶/日增加到1330万桶/日，石油消费对外依存度将从71%提高到79%。同期天然气净进口量将从1220亿立方米扩大到3530亿立方米，天然气对外依存度将从43%提高到54%。[①]

（二）中东是不可或缺的主要供应来源

就中国进口石油、天然气而言，中东是不可替代的主要供应来源。出于资源禀赋、运输条件和安全战略等方面的考虑，中东的中国石油、天然气进口都具有特殊的意义。中国的石油、天然气进口离不开中东。

1. 中东巨大的石油供应能力难以被替代

中东地区是世界上石油、天然气资源禀赋和开发条件最优越的地区。在这个以"世界能源库"和"世界油海"著称于世的地区，探明石油资源在第二次世界大战结束以来一直显著增长，中东始终保持着世界最大的石油探明储量。1945年中东探明石油储量占世界探明石油总储量的46.4%。尽管20世纪70年代以来，世界其他地区的石油探明储量有明显上升，但中东地区的探明储量也同步增长。2018年，中东地区仍

---

① Edmund Hosker (ed.), *World Energy Outlook 2019*, IEA, Paris, pp. 145, 186.

占世界石油探明储量的 48.3%，仍是世界上石油探明储量最多的地区，探明石油储量为 1132 亿吨。全球石油探明储量超过 100 亿吨的八大主要石油资源国中，中东地区就有五个，即沙特阿拉伯（409 亿吨）、伊朗（214 亿吨）、伊拉克（199 亿吨）、科威特（140 亿吨）、阿联酋（130 亿吨）。其他三个主要石油资源国是委内瑞拉（480 亿吨）、加拿大（271 亿吨）和俄罗斯（146 亿吨）。由于储量丰富，按照目前的速度开采，中东石油所能够开采的年限（储采比）也比较长。沙特阿拉伯为 66.4 年，伊朗为 90.4 年，伊拉克为 87.4 年，科威特为 91.2 年，阿联酋为 68 年，都超过了 50 年的世界平均水平。[1]

表 2－2　　2018 年中东石油探明储量、产量和储采比

国别	探明储量（10 亿吨）	世界占比（%）	产量（百万吨）	世界占比（%）	储采比（年）
伊朗	21.4	9.0	220.4	4.9	90.4
伊拉克	19.9	8.5	226.1	5.1	87.4
科威特	14.0	5.9	146.8	3.3	91.2
阿曼	0.7	0.3	47.8	1.1	15.0
卡塔尔	2.6	1.5	78.5	1.8	36.8
沙特阿拉伯	40.9	17.2	578.3	12.9	66.4
叙利亚	0.3	0.1	1.1	—	284.8
阿联酋	13.0	5.7	177.7	4.0	68.0

---

[1] BP, *BP Statistical Review of World Energy 2019*, London, 2019.

续表

国别	探明储量（10亿吨）	世界占比（%）	产量（百万吨）	世界占比（%）	储采比（年）
也门	0.4	0.2	2.8	0.1	121.4
其他国家	—	—	10.2	0.2	2.1
中东总计	113.2	48.3	1489.7	33.3	72.1
世界总计	244.1	100.0	4474.3	100.00	50.9

资料来源：BP，*BP Statistical Review of World Energy* 2019，London，2019.

中国作为世界第一大石油进口国，石油进口的需求量非常庞大。除了中东地区以外，没有哪个地区国家有足够的资源量和出口能力满足中国的石油进口需求。2018年，中国原油进口量已达4.6亿吨，未来的进口数量还会大幅度增长。而从国际石油市场主要出口来源的出口能力来看，俄罗斯2.8亿吨、西非1.9亿吨、加拿大1.9亿吨、拉美1.6亿吨。而且这些国家和地区普遍采取出口市场多元化的方针，已经扎根于中国以外的市场，不可能放弃既得的市场利益，把出口的石油都用于供应中国市场。俄罗斯的主要出口市场是欧洲，加拿大和拉美的主要出口市场是美国、西非国家的出口市场高度分散在欧洲、美国和亚洲的多个国家。在美国实现石油自给自足的条件下，原来以美国为主要石油出口市场的加拿大和拉美国家有条件把一部分供应能力转向亚洲市场。但这种转向能否实现，还取决于国际油价水平。由于加拿大和拉美国家都是生产成本较高的石油输出国，在国际低油价长期低迷的前景之下，其维持现有产量和出口能力的情景其实并不乐观。只有中东国家拥有每年9.9亿吨的巨大出口能力，而且长期以中国、日本和印度作为主要出口市场，因而对于中国来说，可以成为既有充足的资源保障，又有合作现实需要的可靠的石油供应来源。世界第一大石油进口市场与第一大石油出口来源相对接，是完全现实合理的选择。[①]

2018年，中国总共进口原油4.64亿吨，其中43.7%来自中东国家。中东作为一个地区，是中国最大的原油进口来源。尽管就单个国家而论，俄罗斯超越沙特阿拉伯，是中国最大的原油进口来源国，沙特阿拉伯位居第二，但中东的伊拉克、科威特和阿联酋也在中国的石油进口来源榜上有名，分别位居第三、第四和第六。沙特阿拉伯在中国的市场份额之所以被俄罗斯超过，主要是沙特阿拉伯实行限产保价政策，而俄罗斯乘机侵占沙特阿拉伯的市场份额所致。从2017年起，沙特阿拉伯率领欧佩克与俄罗斯达成限产保价联盟，在实现商定产量配额的基础上共同限产。如果这一政策能够持续，未来可以保证沙特阿拉伯在中国市场的份额不再被俄罗斯占有。这种政策也有利于继续维护作为欧佩克成员国的其他中东石油输出国

---

① BP, *BP Statistical Review of World Energy 2019*, London, 2019.

在中国市场的份额。

表 2-3　　2018 年中国原油进口来源

国家或地区	进口量（百万吨）
加拿大	1.2
墨西哥	0.7
美国	12.3
中南美	62.0
西欧	8.6
俄罗斯	71.6
中亚	2.8
伊拉克	45.0
科威特	23.2
沙特阿拉伯	56.7
阿联酋	12.2
其他中东国家	66.0
北非	11.3
西非	71.9
东南非	4.4
澳大利亚	1.3
新加坡	0.1
亚太其他国家	13.1
总计	464.4

资料来源：BP, *BP Statistical Review of World Energy* 2019, London, 2019.

2. 中东具有很大的 LNG 开发和出口潜力

从天然气的资源分布来看，中东地区也比较丰富。最大的天然气储藏结构是连通伊朗的南帕尔斯气田和卡塔尔的北方气田的储气结构。这一储气结构的存在,也使伊朗和卡塔尔成为世界主要天然气资源国,分别占世界天然气探明储量的16.2%和12.5%。其中伊朗是世界第一大天然气资源国。除此之外,沙特阿拉伯和伊拉克的天然气资源也比较丰富,分别占世界天然气探明储量的3.0%和1.8%。但沙特阿拉伯和伊拉克与伊朗和卡塔尔不同的是,这两个国家的天然气大多数是以石油伴生气(又称湿气)的形式存在的。

表2-4　　2018年中东天然气探明储量、产量和储采比

国别	探明储量（万亿立方米）	世界占比（%）	产量（十亿立方米）	世界占比（%）	储采比（年）
巴林	0.2	0.1	14.8	0.4	12.3
伊朗	31.9	16.2	239.5	6.2	133.3
伊拉克	3.6	1.8	13.0	0.3	273.8
以色列	0.4	0.2	—	—	41.1
科威特	1.7	0.9	17.5	0.5	91.7
阿曼	0.7	0.3	36.0	0.9	18.5
卡塔尔	24.7	12.5	175.5	4.5	140.7
沙特阿拉伯	5.9	3.0	112.1	2.9	52.6
叙利亚	0.3	0.1	3.6	0.1	75.4
阿联酋	5.9	3.0	64.7	1.7	91.8
也门	0.3	0.1	0.6	—	480.7
其他国家	—	—	10.1	0.3	48.4
中东总计	75.5	38.4	687.3	17.8	109.9
世界总计	196.9	100.0	3867.9	100.00	50.9

资料来源：BP, *BP Statistical Review of World Energy* 2019, London, 2019.

目前，中国的天然气进口包括LNG进口和管道气进口，其中LNG占多数，而且进口量越来越大。2018年中国共进口天然气1216亿立方米，其中737亿立方米为LNG，479亿立方米是管道气。天然气进口是从进口LNG开始的，LNG至今是中国天然气进口的主要形式。2018年向中国出口LNG的国家已经多达26个，其中包括中东的卡塔尔、阿曼、阿尔及利亚、埃及等国，进口主要来自澳大利亚、卡塔尔、印度尼西亚和马来西亚。其中卡塔尔仅次于澳大利亚，是中国第二大进口来源国。中国从2010年开始建成启用中国至土库曼斯坦的天然气管道，进口土库曼斯坦以及该管道过境国乌兹别克斯坦和哈萨克斯坦的天然气。从2013年起，缅甸也成为中国进口管道气的来源国。2018年从这四个国家进口的管道天然气分别为333亿立方米、63亿立方米、54亿立方米和29亿立方米，占中国天然气进口量的39.4%。

表2-5　　　　　　　　2018年中国LNG进口主要来源

国家或地区	进口量（亿立方米）
美国	30
拉美	6
西欧	12
俄罗斯	13
阿曼	7

续表

国家或地区	进口量（亿立方米）
卡塔尔	127
阿尔及利亚	1
埃及	3
其他非洲国家	33
澳大利亚	321
印度尼西亚	67
马来西亚	79
巴布亚新几内亚	33
其他亚太国家	5
总计	737

资料来源：BP，*BP Statistical Review of World Energy* 2019，London，2019.

中国未来 LNG 和管道气的进口量都会继续增长。进口管道气的增加，主要取决于 2019 年建成并开始投入使用的中俄天然气东线管道输气量的逐渐增加并达到其最大运输能力。该管道设计能力为每年 380 亿立方米，但初期供气量为每年 50 亿立方米。但总体上看，随着中俄天然气东线的投入使用，中国的管道气进口的大局已定，西北、西南和东北三个方向的供应能力都已经被管道运输能力所给定。由于天然气管道输气能力所限，管道气进口的增加不会改变中国以 LNG 为主的天然气进口格局。从中长期来看，从中东进口 LNG 的比重有可能上升。除了天然气特别丰富的卡塔尔将继续保持主要进口来源的地位之外，沙特阿拉伯和伊拉克的石油伴生气也可以成为中国进口LNG的重要来源。一旦条件具备，美国解除对伊朗的制裁，南帕尔斯气田的产品流入中国市场，更有可能使中国的LNG进口来源格局发生重大的结构性变化。因此，即便中东不能成为中国最大的LNG进口来源，至少也将以其资源优势，保持中国LNG进口主要来源之一的地位。

3. 中东石油的低成本优势具有供应保障意义

中东地区的石油资源不仅储量大，而且开采条件也极为优越。其主要特点是整装大油田多。在世界排名前十的大油田中，中东地区就有七个，即沙特阿拉伯的加瓦尔油田和萨法尼亚油田、科威特的布尔甘油田、伊拉克的鲁迈拉油田和基尔库克油田、阿联酋的扎库姆油田和阿尔及利亚的哈希梅萨乌德油田。其他三大油田是俄罗斯的罗马什金油田和秋明油田、委内瑞拉的博利瓦尔油田。中东的油田，特别是海湾地区的油田普遍具有石油层厚、油质好、埋藏浅、自喷井多，靠近海岸和大陆架的特点，因而开采成本是世界上最低的。

中东的石油开采成本在世界上最低，对于中国石油进口安全有特殊意义。这并不是说中东国家因为石油生产成本低，就可以更低的价格把石油卖给中国。

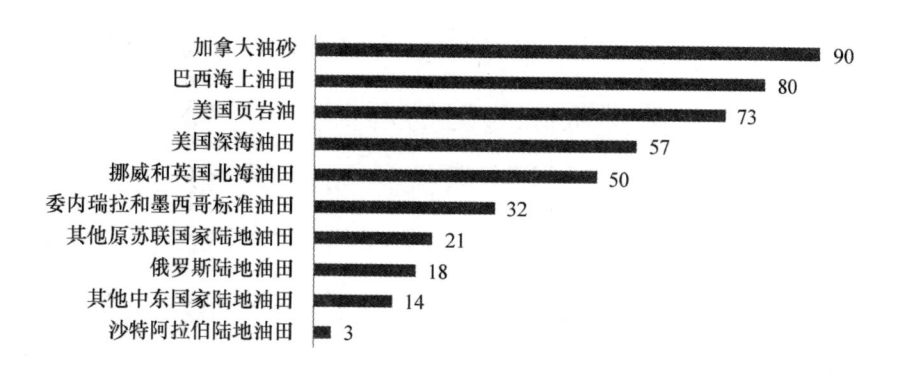

原油类型	成本（美元/桶）
加拿大油砂	90
巴西海上油田	80
美国页岩油	73
美国深海油田	57
挪威和英国北海油田	50
委内瑞拉和墨西哥标准油田	32
其他原苏联国家陆地油田	21
俄罗斯陆地油田	18
其他中东国家陆地油田	14
沙特阿拉伯陆地油田	3

图 2-1 世界原油边际生产成本比较（美元/桶）

资料来源：瑞士苏格兰银行，转引自凤凰网（http://news.ifeng.com/a/20141021/42259245_0.shtml，2014年10月21日）。

这是因为，国际石油价格一般是根据世界边际油田的生产成本，也就是最高的石油生产成本确定的，中东国家与其他石油输出国一样，只会按照国际石油价格出口石油。中东国家石油生产成本最低的真正的意义在于，中东国家是拥有"最优等地"的石油地租国家，无论国际油价如何变动，受到影响的仅仅是它们从出口每一桶石油中获得的"地租"收入多一些或少一些，但绝对不会因为价格变动而退出供应。即便油价下跌到最低水平，它们也一定是石油市场的最后坚守者，而不会像高生产成本的石油供应方那样，因油价的下跌而被挤出国际出口市场。从这种意义上讲，生产成本最低的中东石油输出国也是中国最稳定的石油供应来源。

4. 从中东进口石油、天然气的地缘政治考量

从世界石油、天然气市场发展的大趋势来看，正

在形成以沙特阿拉伯（及阿联酋和科威特等中东欧佩克成员国）、俄罗斯和美国为国际市场主要竞争者的"三国演义"时代。沙特阿拉伯和俄罗斯已经是主要石油输出国，美国的页岩油和页岩气产量增长迅速，2018年已经是仅次于俄罗斯和沙特阿拉伯的世界第三大石油输出国，美国的 LNG 出口量上升也很快，在2010—2018 年的世界排位已经从第 17 位上升到第 4 位，仅居卡塔尔、澳大利亚和马来西亚之后。① 在新的石油供应格局中，从战略安全来考虑，中国的最佳选择无疑是进口来源的多样化，但在这三大供应来源之中，相对比较可靠的进口来源当属沙特阿拉伯等中东国家。

美国原油和天然气供应增长潜力很大，而且美国原油和天然气已经开始打入中国市场。但中美关系的状况，却让中国不敢过度依赖美国的供应。中国积极主张"和平发展"，② 并寻求与美国建立"新型大国关系"。③ 在中国的对外关系布局中，中国一直把以中美

---

① 数据来源：BP, *BP Statistical Review of World Energy 2019*, London, 2019。数据不是净出口量。

② 2003 年 11 月 3 日，中共中央党校原常务副校长、中国改革开放论坛理事长郑必坚在博鳌亚洲论坛上发表了题为《中国和平崛起新道路和亚洲的未来》的讲演，首次提出了"中国和平崛起"这一论题。2005 年 12 月 22 日，中国国务院新闻办公室发表《中国的和平发展道路》白皮书，正式将这一概念表述为"和平发展"。

③ 2012 年 2 月，习近平副主席在访美期间提出了构建"新型大国关系"的概念。

关系为主的大国关系视为关键,强调推动我国同主要大国关系稳定发展。① 然而,美国却不愿看到中国崛起,从21世纪以来就把遏制中国崛起当作对外政策的一条基本方针。在"9·11"事件之前,已经发生过美国"炸馆"等严重损害中美关系的事件。"9·11"之后的一段时间,美国为了赢得中国对"反恐战争"的支持,暂时缓和了对中国的遏制。但在"反恐战争"告一段落之后,美国围堵中国的图谋变本加厉。奥巴马政府在2008年推出战略重心东移战略。此后,贸易、香港、台湾、人权、南海、技术脱钩、知识产权、关税乃至新型冠状病毒等问题,都被美国用来当作遏制中国发展的手段。2017年12月,特朗普政府公布的首份国家安全战略报告,正式把中国定位为美国的"战略竞争对手"。这种大国博弈,绝不是中国所愿,更不是中国所造成的,但也不以中国的意志为转移。因此,中国如果过度依赖美国的石油、天然气供应,势必要冒着较大的战略风险。在美国挑起的中美战略博弈背景下,中国可以适度进口美国的石油、天然气,但不可能冒着巨大的战略风险,让石油、天然气进口这样的国家安全命脉操控在美国的手中。

---

① 2004年,胡锦涛主席在第十次驻外使节会议上提出了中国外交的"四个布局",即"大国是关键、周边是首要、发展中国家是基础、多边是重要舞台"。

俄罗斯与中国的关系良好。双方之间经济上的互补性、高水平的技术合作，以及在反对世界霸权主义和大量国际和地区问题上的相似看法和立场、在涉及双方核心利益问题上的相互支持等，为双方关系的巩固奠定了牢固的基础。1996年中俄结成战略协作伙伴关系，这也是中国和外国建立的第一个伙伴关系。2019年6月5日，中俄元首决定将两国关系进一步提升为"新时代中俄全面战略协作伙伴关系"，可见双方的战略合作关系处在继续向上发展态势。因此，中国从俄罗斯进口能源，战略风险相对是比较低的。但俄罗斯出于自身安全利益，在能源出口方面也有自身的战略考虑。一方面要通过市场多样化保障出口的安全，另一方面把能源出口作为发展与欧洲国家关系的手段。因此，迄今为止，俄罗斯的能源出口主要方向并不是亚洲，而是西欧国家。我们也不能期望俄罗斯把石油、天然气出口的重点转向中国。

真正需要把能源出口重点转向中国并且长期依赖中国市场的是中东国家。从20世纪70年代第一次石油危机以来，美国和欧洲出于石油供应安全原因，通过把石油进口来源转移到周边国家，逐渐把中东国家挤出供应来源的名单，从中东进口的石油越来越少。不断扩大从中东的石油进口量的只有亚洲市场，而进口量增加最大的就是中国。中国从2014年起就已经超过日本，成为中东石油出口的第一大市场。中国自从2006年开始进口卡塔尔的LNG以来，在卡塔尔的出口市场中排位迅速上升，2018年已经是卡塔尔LNG的第四大出口市场，仅排在韩国、日本和印度之后。[①] 中国与中东国家都是发展中国家，可以把意识形态和制度的差异放在一旁，把合作实现经济发展作为第一要务。双方经济互补性强，中国提出的"一带一路"倡议得到中东国家的积极响应，双方在工业化、基础设施、金融等领域的合作日益密切。中国在中东地区推行的保持对中东国家全面友好、不选边站队、不干涉内政、积极劝和促谈、强调以发展解决冲突等基本方针，受到中东国家的普遍认可。因此，双方关系发展和稳定的共同利益基础比较牢固。中国从中东国家进口能源，战略风险是比较低的。

正是由于以上原因，尽管世界上石油、天然气的供应来源是多样化的，国际石油、天然气市场的卖方竞争也越来越激烈，但正像中东石油、天然气输出国离不开中国市场一样，中国的石油、天然气进口也是离不开中东的。双方的石油、天然气进口安全与出口安全越来越相互依靠，就像一个硬币的两面，很难在损害对方利益的情况下不牺牲自身的利益，已经形成一个相互不能分离的能源安全共同体。

---

① BP, *BP Statistical Review of World Energy 2019*, London, 2019.

三 中东石油、天然气输出国离不开中国市场

中东的石油、天然气资源国都属于所谓的"资源地租"型国家，对于石油、天然气出口收入有着系统性的依赖。中东石油、天然气输出国离不开中国市场，固然有激烈的国际石油、天然气市场竞争和中国市场潜力巨大的吸引，但最根本的原因在于，在以中国为主的亚洲市场上的竞争成败，将关系到中东石油、天然气输出国的国家发展前途。近年来，中东石油、天然气输出国面临市场份额逐渐缩小和传统的市场调控手段失灵的严峻挑战，石油、天然气收入不稳定给国家发展带来的负面影响已见端倪。中东石油、天然气输出国能否维护好市场和国家发展的重大利益，关键取决于能否在亚洲，特别是在中国的市场份额竞争上有所作为。

（一）中东国家对"资源地租"的依赖

在国际学术界有一种比较普遍的认识，即把中东的主要石油、天然气输出国定义为"地租国家"。这种界定大致有两个意思：一是这些国家的石油、天然气收入具有"地租"的性质，按照世界银行的说法，属于"资源地租"。二是这种"地租"收入是这些国家的主要收入来源，对国家的政治、经济、社会发展具有决定性的影响。

关于地租的概念，马克思在《资本论》中有清晰的论述，认为"级差地租是由投在最坏的无租土地上的资本的收益和投在较好土地上的资本的收益之间的差额决定的"。由于"土地自然肥力的差别"，土地的生产率不同，可以把土地分为从劣等到优等的各种等级。由于农产品价格是由最劣等土地投入的"资本加上平均利润"决定的，对于以较高效率生产同样产品的优等土地来说，按同样的价格销售产品，就可以获得高于最劣等土地收益的"超额利润"，这种"超额利润"便构成了"级差地租"。[①] 石油虽然不是农产品，而是一种矿产品，但马克思在论述级差地租时，是把矿业的情况与农业的情况同类论述的。他在《资

---

① 《列宁选集》第 2 卷，人民出版社 1995 年版，第 435 页。

本论》中明确指出,"关于农业所要说的,大体上也适用于采矿业","真正的矿山地租,是和农业地租完全一样决定的"。①

西亚的石油输出国就是一批生产石油这种矿产品,并且在油田方面世界"最优等地"的拥有者,其石油收入中自然包含着石油生产成本和地租(含级差地租)两个部分。其中,生产成本大致上由勘探成本、开发成本、运营成本和融资成本构成。由于西亚石油输出国的油田,特别是阿拉伯半岛地区的油田具有分布集中、储量大、埋藏浅、层次多、油层厚、压力大等诸多自然特点,不仅易于开发,而且多是自喷井,这种最优越的"自然肥力"条件,使这些国家的石油生产成本远远低于世界其他地区。

国际石油价格则是围绕世界上的边际油田的生产成本确定的,也就是围绕生产成本最高的油田,或"最劣等地"的生产成本确定的。在按照边际油田成本加平均利润确定的价格出口石油的情形下,西亚石油输出国作为"最优等地"的拥有者,凭借其超低生产成本,可以在获得"最劣等地"生产者也同样可以获得的"平均利润"之外,再获得"超额利润",也就是获得"级差地租"。而且,由于它们所拥有的油田是世界

---

① 这一段所引述的马克思关于级差地租的论述和概念,均引自《马克思恩格斯选集》第2卷,人民出版社1995年版,第548—575页。

上的"最优等地",它们每出口一桶石油,所获得的地租收入自然也是世界最高的。例如,2014年,市场上生产成本最高的原油品种是加拿大油砂,每桶90美元,而沙特阿拉伯的陆地石油生产成本只有每桶3美元,其他中东国家的陆地油田生产成本也只有每桶14美元。而当年国际油价(美国西得克萨斯中质油)平均为93美元/桶,略高于边际油田(加拿大油砂)的生产成本。于是,中东石油生产国的生产成本与世界上生产成本最高的国家的生产成本之间形成了巨大差额,于是形成了中东石油输出国的所谓石油地租收入。[①]

中东主要石油、天然气输出国对于"资源地租"收入的依赖程度是非常深的。"资源地租"收入在石油、天然气输出国的经济中占有重要地位,是国家唯一重要的收入来源。根据世界银行的统计,从2014年石油、天然气在GDP中占比情况来看,在沙特阿拉伯和伊拉克都达到41%以上,而在科威特达到了54.5%。不仅如此,与1982年相比,伊朗、伊拉克和科威特等石油、天然气输出国的"资源地租"在GDP中的占比,不但没有下降,反而进一步上升了。而沙特阿拉伯的占比则没有明显的变化。[②] 除此之外,从宏

[①] 关于石油地租的论述,参见杨光《西亚石油地租经济及其与中国合作的潜力》,《西亚非洲》2016年第5期。

[②] 参见世界银行网站"世界银行数据库"(http://data.worldbank.org/indicator/,2016年8月20日)。

观的经济数据来看，石油、天然气"资源地租"在中东石油输出国的出口收入和国家财政中也占有绝对的重要位置。中东主要石油、天然气资源国的绝大部分收入都来自石油、天然气出口。根据世界银行统计的最新数据，2018年燃料类出口占出口总额的比重，科威特为90.9%，卡塔尔为81.4%，阿联酋为74.8%，阿曼为75.2%。2017年伊朗为70.8%。2016年沙特阿拉伯为77.4%，伊拉克为100%。石油、天然气收入也是政府预算收入的最重要来源。根据世界银行的统计，2016年沙特阿拉伯、伊拉克和阿联酋的政府预算收入中，分别有84.2%、92.5%和92.2%都来自税收以外未说明来源的"赠予和其他收入"。科威特的这类收入2014年在政府收入中占比98.3%。伊朗的占比数据没有更新，在2008年占61.6%。其实，这部分收入基本上就是石油、天然气收入。[1]

实际上，由于这类收入的重要地位，成为主要石油、天然气输出国稳定与发展的基石，成为这些国家的核心利益。因为，这些国家的政治稳定、经济社会发展以及国家的外交与安全，全都系于"资源地租"一身，它们对于石油地租的依赖之深，是一种关系前途命运的系统性和根本性的依赖。

---

[1] 参见世界银行网站"世界银行数据库"（http：//data.worldbank.org/indicator/，2016年8月20日）。

（二）对"地租国家"沙特阿拉伯的剖析

至于石油输出国对于石油地租的依赖究竟有多么严重，本报告把沙特阿拉伯作为一个典型进行剖析。值得说明的是，沙特阿拉伯与科威特、阿联酋和卡塔尔等其他"地租国家"相比，由于相对而言人口较多，人均地租收入较少，因此还是中东"地租国家"中对石油资源地租依赖性相对较轻的国家。其他"地租国家"对资源地租的依赖程度，只会比沙特阿拉伯更高。

沙特阿拉伯对于石油地租的系统性依赖，主要表现在以下一些方面。

1. "地租"是国家机器的血液

石油地租为沙特阿拉伯的王族、部落首领、军队和公务员队伍提供了基本的收入，是维持君主制稳定和国家机器运转的基本保障。

与沙特阿拉伯开国国王有血亲关系的王室成员目前大约为15000名，这些人尽管不都是官居政府管理岗位，但无疑都是沙特阿拉伯绝对君主政体的直接受益者，构成了沙特阿拉伯绝对君主制国体和王室政权的可靠支柱。这些人也是石油地租的最直接受益者，依据与开国国王血缘关系的亲疏远近,从一出生开始,就可以按月从国家石油收入中直接支取不同数额的俸禄,而这些俸禄与他们是否从事工作无关。根据美国外交系统获得的信息,[①] 20世纪90年代中期,沙特阿拉伯开国国王阿卜杜拉齐兹·沙特阿拉伯儿子的俸禄是每月20万—27万美元,阿卜杜拉齐兹·沙特阿拉伯孙辈的俸禄是每月2.7万美元,曾孙每月则领取1.3万美元。即便是"最低级别最遥远的旁系"王室成员,每月也可以拿到800美元俸禄。这些俸禄还只是固定数额的收入,一旦王室成员婚丧嫁娶或建造府邸,还会得到政府的额外补贴。王室成员的俸禄和补贴由沙特阿拉伯财政部的专门机构管理。当时沙特阿拉伯政府的年预算规模为400亿美元,而王室系统的花费为20亿美元。这些收入还仅仅是王室成员直接抽取的石油地租收入。除此之外,王室成员往往利用其特殊身份,直接或间接参与商业活动,出任外国投资者的"担保人",甚至从大宗石油、军火等生意中抽头。这些间接参与石油地租分配的做法五花八门,司空见惯。究竟有多少石油地租流入沙特阿拉伯王室成员的囊中,谁也说不清楚。

---

① 《揭秘沙特王室,净资产达1.4万亿美元》,人民日报海外版官网,人物专栏(http://m.haiwainet.cn/middle/3541486/2015/0609/content_ 28816298_ 1. html)。

部落首领和宗教上层是沙特阿拉伯政权的另一个支柱。沙特阿拉伯是一个部落数量众多的社会。在现代沙特阿拉伯王国建立的早期，第一代国王曾通过与30多个部落联姻的方式，取得了主要部落对国家统一的支持。现如今，部落首领仍可通过沙特阿拉伯民众，特别是农牧民的部落认同，在国家政治中发挥着影响力。越是在基层的咨询会议中，部落首领发挥的作用越为明显。在许多情况下，省级以下官员的决策必须征得部落首领的支持。沙特阿拉伯建国的另外一个基础，是沙特家族与伊斯兰教瓦哈比教派的结盟。虽然沙特阿拉伯的瓦哈比教派教长早已由国王兼任，但宗教上层仍然在国家的政治社会生活中发挥着重要的影响。在2010年底"阿拉伯之春运动"爆发之后，部落首领和宗教上层成为防止部落成员和民众采取不利王室的行为、协助王室维护稳定的重要力量。因此，向部落首领和宗教上层分配一部分石油地租收入，一直是沙特阿拉伯王室巩固政权的重要手段。从20世纪50年代以来，沙特阿拉伯的部落首领和宗教上层也可以像王族一样，是可以定期得到政府发放的俸禄的。

政府和军队是国家机器运行的保障。不仅始终牢牢掌握在王室的手中，而且也是政府利用石油地租收入保持优厚待遇的职业。沙特阿拉伯的普通公务员参加工作时每月工资为2000美元，一般在每月4000—

6000美元的水平。高级职位如驻外大使的工资为每月2万美元。沙特阿拉伯军队有24万人，采取高工资和高福利的政策。据沙特阿拉伯媒体2010年披露，中尉第一年的月工资约合2000美元，少校约合3130美元，将官则有约5000美元的月工资。沙特阿拉伯军人无论军衔是否晋升，工资收入都是不断增加的。例如一名从未获得提拔的中尉，只要干满15年，工资水平就可与中校持平。除了工资以外，公务员和军人每年还可获得各种补贴、年终奖励和医疗费用，以及国家提供的其他福利。① 作为国家机器的组成部分，这些公务员和军人也是石油地租的直接分享者。与外籍劳工、普通工人和中级工人每月500—1500美元的工资收入相比，沙特阿拉伯公务员和军人的优厚工资收入加上政府提供的高福利，可以保证他们过上无忧无虑的生活。与广大发展中国家相比，沙特阿拉伯的公务员和军人能够得到这种优厚的待遇，不能不说是拜石油地租所赐。

2. "地租"是经济社会发展的支柱

沙特阿拉伯的经济多样化发展的主要产业方向是工业化，政府的规划和资金支持在工业化发展中发挥

---

① 《富得流油的沙特军人，打仗时望风而逃，工资有多高》，http：//mp.163.com/v2/article/detail/DFOJ13A60515VJPM.html.

了基础作用。政府的规划是因为政府有能力投资实现规划的项目,而政府的资金支持全部是来自"资源地租"收入。从政府的工业化规划者作用来看,从20世纪70年代以来,沙特阿拉伯的经济发展一直是在政府的计划指导下实现的。沙特阿拉伯从第二个发展计划就开始对工业化的产业发展进行了规划,把工业化的重点确定为建设大型工厂,即石化厂、炼油厂、钢铁厂、玻璃厂、炼铝厂等。该计划还明确提出,要分别在国家的西部和东部沿海,建设朱拜勒和延布两座工业城。该计划在强调发展这些基础工业的同时,还强调在此基础上工业的上下游一体化综合发展,以及发展非石油相关工业,其中包括罐装食品、采矿业、供水、水泥、玻璃、大理石加工、皮革和复合材料生产等。在20世纪70—80年代,工业制造业的计划投资占比也呈现上升的趋势。制造业和商业在1970—1975年发展计划中只占计划投资的0.5%,而该占比在1980—1985年发展计划已经提高到13.4%,成为除交通运输和市政住宅建设以外,计划投资占比最高的部门。[①] 从政府的工业化投资建设来看。由于石油、天然气资源完全掌握在国家手中,工业化的资本积累源泉也是掌握在国家手中,政府从一开始就成为工业化的

[①] 参见 Tim Niblock and Monica Malik, *The Political Economy of Saudi Arabia*, Routledge, London 2007, pp. 61–63, 107, 183–185.

主要投资者，沙特阿拉伯的所有基础工业都是政府投资建立的，并且至今仍然以国有企业独资或政府控制多数股权等方式，掌控在国有的沙特阿拉伯基础工业公司（SABIC）手中。该公司的一批项目在20世纪80年代陆续建成投产，奠定了沙特阿拉伯基础工业的基本格局。到2016年，该公司已经发展成为拥有37家独资或合资公司，资产845亿美元，职工35000人，业务覆盖50个国家的跨国公司。基础工业的发展为私营为主的下游产业发展奠定了基础。政府除了投资于国内发展以外，还利用石油地租收入广泛投资于海外的炼油和石化产业，为本国的原油出口开辟市场。

沙特阿拉伯社会和政治的一个重要特点是王室、官员与工商业资产阶级千丝万缕的联系。在石油地租分配中获得较多收入的王族，往往把大量资金投资到工商业和农牧业的资本主义经营，或者是把地租收入委托给工商业资产阶级进行商业性运作，以赚取商业利润。沙特阿拉伯的政府高级官员，经常利用他们的儿子、兄弟或亲戚的名义开办私人公司。实际上，大型发展项目、合资企业、代理商、大型项目的招投标，都能成为政府官员利用职务之便以权谋私的机会。工商业资产阶级则通过依附王族和官员的势力，为自身的发展开辟道路和寻求庇护。因此，在沙特阿拉伯从传统社会向资本主义社会的转型过程中，王族、官员与工商业资产阶级相互依靠，具有千丝万缕的联系。作为王族和工商业资产阶级利益的代表，沙特阿拉伯政府始终支持私营民族工商业的发展，包括工商业、金融业和农牧业，为私营企业的发展提供支持和便利。政府支持民族工商业发展的重要手段，就是以政府的开支提供贷款，提供水电价格补贴和采取低税收政策，让民族工商业资产阶级的发展，享受到石油地租的支持。

沙特阿拉伯工业发展基金会是沙特阿拉伯向私营企业提供贷款融资的政府机构。该机构自从1974年以来到2015年为止，总共向沙特阿拉伯的私营企业提供贷款1294.25亿里亚尔，接受贷款的项目有2852个，项目的门类包括食品、饮料、服装、皮革制品、木器家具、纸张和印刷品等消费品项目，化学制品、石油和天然气产品、橡胶制品、塑料制品等，建材生产包括瓷砖、玻璃、水泥、其他建材等化工项目，以及金属制品、机械设备、电动设备、运输设备等工程用品项目。[1] 沙特阿拉伯公民创办小企业可以获得政府提供的无偿资本金。

政府提供大量的能源价格补贴，是支持工商业发展的重要手段。根据世界银行2014年发表的一份报

---

[1] 沙特阿拉伯工业发展基金会（参见 http：//www.sidf.gov.sa/ar/Pages/default.aspx，2020年4月12日）。

告，海湾合作委员会六个国家的燃料和电力补贴总额高达1600亿美元，相当于这些国家GDP的10%，其中一半是沙特阿拉伯的能源补贴。① 沙特阿拉伯的水费和电费经过2015年下半年和2018年两次上调以后，仍然比较低廉。在水费方面，沙特阿拉伯政府对使用给排水服务的用户提供每立方米2.4美元的价格，对仅使用给水服务的用户提供每立方米1.6美元的价格。在电费方面，政府规定的价格为工业用电每千瓦时0.048美元，农业用电每千瓦时0.043—0.053美元。关于燃料油价格，政府规定加油站零售95号汽油每公升0.59美元，91号汽油每公升0.38美元，车用柴油每公升0.125美元。因此，沙特阿拉伯是世界上能源补贴程度最高的国家之一。

沙特阿拉伯因政府收入主要依靠石油地租收入而不是税收，所以不征收个人所得税，其他税收的税率也较低。企业所得税税率为20%；增值税的征收从2018年才开始，税率仅为5%；宗教税收（即天课）税率为2.5%。② 总体上，按照全部税收在全部商业利润中的占比来看，沙特阿拉伯的税收负担为16%，像

---

① 吴磊：《中东国家的能源补贴及其改革》，《西亚非洲》2020年第1期。
② 中国商务部官网：《对外投资合作国别（地区）指南：沙特阿拉伯（2019年版）》（http://www.mofcom.gov.cn/dl/gbdqzn/epload/shatealabo.pdf）。

海湾地区其他石油输出国一样,都是世界上税收负担最轻的国家之一。①

在政府的引导和激励下,沙特阿拉伯的私人资本迅速壮大,并且从20世纪90年代开始超过了政府的投资。在1985—2000年全国的固定资产投资中,私人投资的占比从46%提高到75.4%,而政府投资占比相应地从54%下降到24.6%,实现了投资主体从政府到私人的结构性转变。② 但值得注意的是,沙特阿拉伯的民族工商业和政府投资建立的国有企业一样,都是在政府提供税收和大量补贴的条件下发展起来的,其现有的竞争力也在很大程度上仍然依赖政府的补贴。从这种意义上讲,它们依然保持着对石油地租的依赖性。一旦失去或减少政府的补贴,这些企业的竞争和生存能力会就会大打折扣了。

3. "地租"是公共产品和高福利制度的保障

沙特阿拉伯居民能够享受较高的生活水平,与政府利用石油地租收入推行高福利政策,提供价格补贴和公共产品有直接的关系。

政府是经济和社会基础设施建设的投资者。政府为

---

① 参见世界银行网站"世界银行数据库"(https://databank.worldbank.org/reports.aspx?source=world-development-indicators)。

② Tim Niblock and Monica Malik, *The Political Economy of Saudi Arabia*, Routledge, London, 2007, p. 130.

国家提供经济社会公共产品和服务，主要体现在建设基础设施。沙特阿拉伯的公路和铁路交通设施、电信设施、发电厂、海水淡化厂、工业园区，以及学校和医院建设等基础设施，基本上都是政府投资兴建的。1970—1990年，政府在每个五年计划中都把基础设施建设投资作为第一优先，投资占比高达将近30%—50%。[①] 此后，基础设施的维护以及随着社会经济发展的需要而不断扩建，每年也需要大量的政府资金支持。在中东国家的建筑工程中虽然也不乏私人投资，但私人投资主要流向房地产开发领域，政府利用"资源地租"提供基础设施的作用，是私人部门所无法替代的。

政府是高福利政策的提供者。从20世纪70年代以来，沙特阿拉伯利用石油地租，对本国居民采取高福利政策。社会福利分为两类。第一类是向全社会提供的福利，其中包括从50年代开始提供的食品和商品价格补贴，在70年代以后进一步扩大了范围。能源和用水的价格是主要补贴对象。2015年能源和用水价格补贴占政府补贴的80%。2016年减少了能源补贴以后，家庭用能源的价格仍然很低：汽油价格为每升0.75—0.9里亚尔，家庭用电价为每千瓦时0.05—0.3里亚尔。[②] 政

[①] Tim Niblock and Monica Malik, *The Political Econoy of Sauidi Arabia*, Routledge, London 2007, pp. 61 – 63, 107, 183 – 185.

[②] 吴磊：《中东国家的能源补贴及其改革》，《西亚非洲》2020年第1期。

府提供免费教育和免费医疗。各类教育费用全免,技校和大学的学生还可以领取政府补助金。政府提供住房贷款。沙特阿拉伯公民可向政府申请住房无息贷款,数额为建房费用的75%,偿还期为25年。2018年设置增值税以后的新政策是,居民首次购买房屋,如果总价不超过85万里亚尔(约22.7万美元),增值税完全由政府承担。路透社估算,沙特阿拉伯政府将为这一系列福利措施支出大约230亿里亚尔(约61亿美元)。第二类是向特定居民提供的福利,包括向低收入阶层提供优惠救济贷款。18岁以下孤儿和60岁以上老人及残疾人享受政府提供的补助金或社会监护,社会监护机构有康复中心、幼儿园、孤儿院、养老院、教养院、疗养院、乞丐救济办公室等。政府向残疾人、孤儿和无经济来源的妇女提供补助金。2018年1月,政府再次宣布增加补贴的措施。根据沙特阿拉伯国王萨勒曼签署的法令,文职公务人员和军人2018年将获得每月1000里亚尔(约合267美元)生活补助。参加也门作战行动的一线军人还将获得5000里亚尔(约1300美元)一次性津贴。沙特阿拉伯政府2017年还出台了一套福利措施,为大约300万家庭开通"公民账户",惠及全国半数人口。半数家庭每月可获得938里亚尔(约250美元)最高额度补贴,最低补贴为300里亚尔(约80美元)。政府将为这一计划在2018

年支出大约320亿里亚尔（约85亿美元）。

地租收入也被政府用为应急手段，在出现威胁政治社会稳定的紧急情况下，以增发补助的方式缓和社会不满。2010年底爆发的"阿拉伯之春运动"波及沙特阿拉伯。从"阿拉伯之春运动"开始，在东方省、吉达市，甚至在首都利雅得等地，都出现了游行示威、请愿活动，甚至还出现了主张推翻沙特阿拉伯王室的组织。沙特阿拉伯政府先后投入1300亿美元惠及民众，才使动乱的苗头没有形成燎原之势。为此，主要采取以下措施。第一，扩大就业。沙特阿拉伯政府扩编12万人，招收那些无业的本国人到政府领取高薪。第二，发放福利。除了给中下层百姓发放现金红包之外，政府还兴建了50多万套住房，免费发给没有房子的本国穷人，并提供购房的无息贷款。第三，稳定学生。政府向每位学生都发放了资助。第四，稳住宗教机构。政府每年拨款2亿美元，给予国内宗教教士和宗教警察，奖励他们为国家稳定做出的贡献，避免这些宗教人士带头闹事。第五，给底层百姓提供保障。政府完善了保障制度，对于穷苦和没有工作的百姓，给予直接的政府补贴，每个月领取补助金，等等。①

---

① 《中东专制国家一个个倒下，为何沙特阿拉伯却能独善其身?》，搜狐网（https：//www.sohu.com/a/323971443_609645，2019年6月30日）。

4."地租"是国防和外交的经济手段

沙特阿拉伯地处动乱的中东地区,国防所需的武器全部依靠进口,每年需要耗费大量的石油地租收入。尽管沙特阿拉伯只是一个人口3000万人的小国,但其国防经费数量却排在世界前列,根据斯德哥尔摩国际和平研究所发布的数据,2017年沙特阿拉伯的国防经费高达829亿美元,位居世界第三,仅次于美国和中国。其中大部分军费都被用于采购美国军事装备。2014年,沙特阿拉伯已经成为世界最大的武器进口国。当年进口军火的金额高达65亿美元。[①] 沙特阿拉伯的武器进口来源主要是美国,英国和法国也是其重要来源。美国总统特朗普上台之后,利用中东海湾地区的紧张局势,特别是沙特阿拉伯与伊朗在中东地区的对抗和卷入也门战争,进一步推动与沙特阿拉伯的军火贸易,2017年与沙特阿拉伯签订了在未来10年沙特阿拉伯购买3500亿美元美国军火的巨额大单。

对外援助是沙特阿拉伯外交的一个重要手段,援助的资金来源全部是石油地租收入。早在20世纪50年代,沙特阿拉伯就开始提供少量的对外援助。从20

---

① 《全球军火贸易:沙特阿拉伯成最大进口国,中国位列第三》,参考消息网站(http://www.cankaoxiaoxi.com/mil/20150309/696205.shtml,2015年3月9日)。

世纪70年代开始，沙特阿拉伯逐渐建立起比较完整的对外援助体系，并逐渐进入世界主要援助国的行列。1974年，沙特阿拉伯成立了专司发展项目援助的政府机构沙特阿拉伯发展基金会，该基金会从1975年正式开始运行。2015年，沙特阿拉伯又成立了专门从事人道主义和救济援助的萨勒曼国王人道主义援助和救济中心，从而形成了以这两大机构为核心的沙特阿拉伯对外援助体机构体系。沙特阿拉伯的援助发放渠道是以双边援助为主的。从1975年到2020年初，沙特阿拉伯的双边对外援助总额高达292亿美元，其中发展援助占75.1%，人道主义援助占24.6%，慈善援助占0.3%，援助项目共2869个，受援国家共138个。[1] 除此之外，沙特阿拉伯还通过地区和国际组织实施多边援助。经过过去40多年的发展，沙特阿拉伯已成为世界主要援助国之一。2018年，沙特阿拉伯的援助规模排在世界第10位，共提供各类援助43.4亿美元，[2] 成为世界主要援助国之一。[3] 沙特阿拉伯虽然是一个发展中国家，但其援助力度之大，位居世界前茅。以官方开发援助额相当于国民总收入

---

[1] 沙特阿拉伯援助数据平台（Saudi Aid Platform），https://data.ksrelief.org.
[2] 同上。
[3] 经合组织发展援助委员会网站，http://www.oecd.org/dac/development-assistance-committee.

（GNI）的比率来计算，2018年沙特阿拉伯的国民总收入为7900亿美元，① 同年发放的援助总额为43.4亿美元，相当于国民总收入的0.55%，排在瑞典、卢森堡、挪威、丹麦、英国、德国和荷兰之后，位居第八。而当年经合组织发展援助委员会成员国的平均水平只有0.31%。② 因此，沙特阿拉伯的援助力度超过了绝大多数工业发达国家，也超过了工业发达国家的平均水平。大量的对外援助对于提升沙特阿拉伯在国际社会、伊斯兰国家和阿拉伯国家中的地位和形象，在阿以冲突问题上支持阿拉伯国家和争取非洲国家的支持，在海湾战争和也门战争等战争中争取国际支持，争取发展中国家对沙特阿拉伯外交政策的支持，推动沙特阿拉伯与发展中国家的经济合作等方面，都发挥了不可或缺的作用。

总而言之，对于沙特阿拉伯而言，石油地租收入影响范围之广，影响程度之深，堪称国之基石。石油收入的变化可以产生牵一发而动全身的后果。一旦石油地租收入减少，经济发展、政治社会稳定和外交能力会受到全免影响。石油收入对于沙特阿拉伯的影响是全面的和系统性的，绝不仅仅是一个经济问题。

---

① 《全球宏观经济统计数据——沙特阿拉伯》，新浪财经网站（http：//finance.sina.com.cn/worldmac/nation_ SA.shtml）。

② 参见经合组织发展援助委员会网站（https：//www2.compareyourcountry.org）。

（三）"地租"收入面临的挑战与前景

为了维护石油地租收入的稳定，以沙特阿拉伯为首的中东主要石油输出国长期依赖欧佩克的产量配额机制，对国际市场的油价进行调控。一方面在需求旺盛的时期增加供应，以避免油价过高把世界经济导入衰退或过分刺激石油替代能源的开发；另一方面在需求减弱的时候减少供应，以支持国际市场上的油价稳定。但是，随着国际市场发生结构性变化和卖方市场的形成，这种传统的市场调控手段已经失灵，中东石油输出国的市场份额也不断缩小。石油地租收入的减少已经开始对国家发展产生影响。未来的出路只能在与亚洲，特别是与中国的合作中去寻找。

1. 卡特尔式的油价调控手段失灵

由于石油、天然气地租的战略意义所在，维护石油、天然气收入的稳定就具有极为重要的意义。在过去大约70年的时间里，中东的石油输出国维护油价稳定的基本手段，是依托欧佩克组织和非欧佩克石油输出国的配合，在油价过低的时候通过产量调节，影响国际油价的沉浮。其中既包括采取"限产保价"方法，即通过卡特尔式的集体减产来减少国际石油供应，促使价格油价回升；也包括采取增产的手段减少高油价对世界经济的冲击，或整肃石油出口国的市场纪律，迫使更多的石油输出国加入"限产促价"行动中来。这种以产量调控价格的手段虽然并非总是尽如人意，但是在20世纪70年代到21世纪初的将近30年期间，也取得了一些成效。然而，自从2014年国际油价重新开始大幅度下跌以来，中东石油输出国的这个曾经屡试不爽的调控手段却不再灵验。

早在1961年，欧佩克第二次大会就开始讨论按照国际卡特尔的方式，通过限制产量达到推动价格上涨的目的。1965年欧佩克第九次大会正式决定建立产量配额制度。20世纪70年代石油资源国完成了石油国有化，为这种制度的实施创造了条件。1982年欧佩克第六十三次大会决定正式实施联合限产，以促使油价回升。1985年，为了促使非欧佩克国家加入联合限产的行列，欧佩克第七十六次大会决定暂时放弃限产，与非欧佩克国家展开了一场"价格战"，迫使使一批非欧佩克产油国开始列席欧佩克有关限产促价的会议，并对欧佩克的"限产促价"政策予以配合，同时也整肃了欧佩克内部的限产纪律。1986年，欧佩克恢复了"限产促价"政策并设置了欧佩克"一揽子油价"每桶18美元的促价参考目标。1988年4月，欧佩克与一批非欧佩克国家的石油部部长在维也纳召开第一次联席会议，参会的6个非欧佩克国家同意减产5%，以支持欧佩克的限产保价行动。1989年1月双方再次开会，决定进一步加强合作。参会的6个非欧佩克国家再次与欧佩克达成联合限产保价的协议。这些联合限产行动对于遏制当时的国际油价下跌产生了一定的作用。当国际油价1998年底到1999年初跌到每桶不足10美元的低点的时候，欧佩克再次决定，从2000年启动"限产促价"的措施，设置了每桶22美元的促价目标。这一行动得到挪威等非欧佩克石油输出国的支持配合，也产生了促进油价回升的明显效果。

然而，自2014年国际油价重新陷入下行以来，欧佩克和非欧佩克石油输出国的联合"限产促价"却不再灵验。从2017年月1日起，欧佩克和俄罗斯等国家开始实施2016年11月双方达成的联合限产协议，即欧佩克成员国在2016年10月产量基础上减产每日120万桶，非欧佩克国家减产每日60万桶，其中俄罗斯减产每日30万桶。2019年1月1日起，参与联合限产的国家加大限产力度，在2018年10月产量基础上再减产每日120万桶，其中俄罗斯减产每日22.8万桶。限产协议得到联合限产国家的严格遵守，2019年7月限产的欧佩克和非欧佩克国家的履约率分别达到了156%和166%，均大大超过承诺的减产幅度。尽管如此，国际油价的回升幅度却非常有限。以布伦特原油价格为例，2016年平均价格为接近每桶44美元，2019年9月初为每桶58美元，距离欧佩克希望达到的每桶80美元的目标，仍然有很大的差距。2020年初，新型冠状病毒肺炎在全球爆发，严重影响了世界经济活动，进一步影响到世界原油需求。3月6日，在欧佩克与非欧佩克产油国举行的谈判中，俄罗斯不愿接受沙特阿拉伯提出的进一步限产建议，再做徒劳无功的"限产促价"，欧佩克与非欧佩克国家的"限产促价"联盟终于宣告崩溃。时隔35年之后，石油输出国之间的价格战再次爆发。沙特阿拉伯为了迫使生产成本相对较高的俄罗斯恢复与欧佩克联合限产促价，以及对美国页岩油乘机侵占市场发出警告，宣布增产。国际油价暴跌。这次价格大战的结果比1985—1986年的价格大战更加惨烈。因美国库辛石油储存能力告罄，美国西得克萨斯中质油（WTI）在纽约商品交易所5月交割的期货合约报价竟然下跌到不可思议的-37.63美元/桶。尽管欧佩克与俄罗斯和美国等非欧佩克石油输出国在4月13日终于达成从5月起减产970万桶石油的协议，但相关各国的石油生产和石油收入均已受到沉重打击，而在新冠病毒疫情和世界经济衰退的大背景之下，协议究竟能够在多大程度上得到执行，以及执行的效果究竟如何，还是未知数。

2. 国际市场份额的逐渐缩小

"限产促价"的前提条件是，主导限产的石油供应者控制大部分市场份额，对国际石油供应具有一定的垄断程度。否则，限制产量不仅难以产生推高价格的效果，反而会把自己因限产而缩小的市场份额白白奉送给那些不但不参加限产，反而乘机侵占市场份额的石油供应者，其后果反而是进一步减少了限产方的市场份额，从而进一步削弱限产方对市场的控制能力。造成海湾国家干预市场手段失灵的关键问题恰恰就在于此。在国际石油、天然气供过于求的大趋势下，欧佩克和俄罗斯等国进行"限产促价"，受到其他石油输出国乘机侵占市场份额的严重牵制，从而使限产方在"限产促价"和保卫市场份额两个目标之间，越来越陷于两难境地。

过去40多年，随着中东以外地区石油供应国的增加，美国和西欧国家对中东石油的依赖减少；中东石油输出国历次采取限产措施，往往都导致使其一部分市场份额的流失。因此，中东国家的国际石油市场份额总体上越来越小，已经从20世纪70年代的60%以上下降到2018年的35%。[①] 市场份额的缩小，严重侵蚀着中东石油输出国的市场调控能力。2017年以来，

---

① BP, *BP Statistical Review of World Energy 2019*, p. 28.

欧佩克和俄罗斯等非欧佩克国家联合限产保价，恰逢美国页岩油发展进入高峰。美国乘限产国之危，扩大供应，抢占市场份额。从 2016 年至 2019 年 8 月，美国的石油产量从每日 1230 万桶增加到每日 1530 万桶，[①] 几乎冲销了"欧佩克 +"的全部限产成果，最终使"限产促价"国家的努力付之东流。由于美国页岩油开发仍然具有较大的潜力，中东国家随着市场份额的丧失，"限产促价"的路子只能越走越窄，再想使用传统的卡特尔式的产量调控方法维持价格，也越来越难以灵验了。

值得注意的是，天然气市场竞争的加剧也开始导致中东国家市场份额的缩小。近年来，随着美国、澳大利亚、俄罗斯和东非地区天然气供应的急剧增长，以及美国减少从卡塔尔等海湾国家的 LNG 进口，卡塔尔、沙特阿拉伯和阿联酋等出口 LNG 的海湾国家的天然气出口市场份额受到挤压。根据 2019 年英国世界能源统计评论提供的数据，仅在 2013—2018 年短短五年的时间里，中东海湾国家在全球 LNG 出口市场的份额就从 41% 收缩到 29.2%。即便是在最具拓展潜力的亚洲 LNG 市场，中东国家在市场份额的竞争中也严重受挫。根据 2019 年英国世界能源统计评论提供的数据，仅在 2013—2018 年短短五年的时间里，中东海湾国家

---

① BP, *BP Statistical Review of World Energy 2019*, p.16.

在亚洲 LNG 进口市场中所占的份额，已经从 42% 下降到 30%。

3. "地租"收入减少的负面影响开始显现

在石油、天然气价格下降和市场份额缩小的双重挤压之下，中东石油、天然气输出国的出口收入呈现出在波动中总体下降的趋势。2012—2017 年，沙特阿拉伯从 3994 亿美元下降到 2340 亿美元，科威特从 1128 亿美元下降到 618 亿美元，卡塔尔从 1218 亿美元下降到 852 亿美元，伊朗从 1496 亿美元下降到 1132 亿美元，伊拉克从 825 亿美元下降到 744 亿美元，仅阿联酋的出口略有增加。[①] 石油、天然气收入减少的影响已经开始显现。

随着石油、天然气价格的下降和出口收入的减少，以及人口的增长，中东石油输出国的人均 GDP 增长实际上已经呈现出下降的趋势。仅在 2011—2017 年，伊朗从 7818 美元下降到 5628 美元，伊拉克从 6046 美元下降到 5205 美元，科威特从 48619 美元下降到 29760 美元，沙特阿拉伯从 23764 美元下降到 20804 美元，卡塔尔从 82410 美元下降到 61264 美元，阿联酋停滞在 39000 多美元的水平。

---

① 世界银行网站"世界银行数据库"（https：//databank.worldbank.org/reports.aspx? source = world-development-indicators）。

尽管这些国家的高福利政策没有改变，但是由于石油、天然气收入减少，政府兑现许诺的高福利却越来越困难。例如，在人均GDP将近3万美元的科威特，本国居民的免费住房也已经不能按时提供，甚至拖延10年以上；申请政府公务员职务需要多年等候的情况也并不鲜见。

为了弥补政府石油、天然气收入的不足，支持雄心勃勃的改革和发展计划，沙特阿拉伯从2015年开始减少汽油、用水和电价的补贴。沙特阿拉伯、阿联酋、科威特、卡塔尔、巴林和阿曼海湾合作委员会的六个国家，从2018年开始征收增值税。这些政府开源节流的措施，引起商品价格的上涨，在已经对免税和补贴习以为常的本国民众甚至王室成员中引起不满。2017年11月6日，沙特阿拉伯发生了11名王室成员聚集在利雅得省政府门前，要求萨勒曼取消停止为王室成员支付水电费的命令的事件。2017年12月，伊朗的十多个城市都爆发了示威抗议活动。抗议的矛头不仅指向政府，甚至指向了最高领袖。主要原因就是经济困难，特别是高达10%左右的通货膨胀率和高达12.4%的失业率，让中下层民众的生活日益艰难。

4. 未来的希望在中国等亚洲国家市场

石油和天然气的市场份额竞争连连受挫，给严重依赖石油、天然气出口收入的海湾国家未来的"资源地租"收入，以及经济发展和政治社会稳定蒙上了阴影。国际石油、天然气市场的趋势表明，供过于求的长期化和石油、天然气供应来源的多样化，只能使卡特尔式的市场调控方式路子越走越窄，最终走向穷途末路。从维护未来石油、天然气收入的需要来看，市场份额的竞争显得更加意义重大。中东石油、天然气输出国要想在新的市场环境下获得相对稳定的出口市场，就必须超越单纯的石油、天然气卖方合作和仅仅考虑卖方利益的产量调控政策，转换观念，按照互利共赢的思路，在加强与石油、天然气进口国的互利合作中寻找出路。

从国际石油、天然气供应格局的变化趋势来看，并不是每个地区都存在竞争市场份额的空间。在国际石油、天然气市场总体上供过于求和竞争加剧的背景下，由于各地区市场的潜力不尽相同，中东石油、天然气输出国与进口国的合作，集中在亚洲地区，特别是中国和印度才具有意义。

从石油进口市场来看。20世纪80年代以来，欧、美、日等发达国家和地区对于石油进口的依赖逐渐从不断增加走向增长停滞。造成这种现象的原因在于，一方面，这是发达国家自身石油生产能力的提高以及替代能源发展和能源效率提高的结果。特别是美国近年来依靠页岩油的开发，国内能源独立的步伐加快，对进口石油的依赖快速减少；欧洲和日本则主要因为石油替代能源发展迅速，能源效率显著提高，经济增长对石油能源的需求量已经基本停止增长。因此，对于石油输出国来说，欧、美、日的市场拓展空间已经不大。亚洲的情况则有所不同。21世纪以来，中国和印度等亚洲新兴工业化国家经济增长速度快，对石油进口的需求保持不断增长，继续展示出可观的市场潜力。从长期来看，由于这些国家处于经济高速增长期，而且能源效率相对较低，石油消费对于经济增长的弹性系数较高，因此能源需求的增长仍然可能维持较长的时间。根据中国专家的研究，石油和天然气将长期在中国初级能源结构中占据重要地位。中国现在已经是世界第一大石油进口国，未来还可能成为第一大天然气进口国。至少在2020—2050年，石油、天然气都会保持在中国的初级能源结构中占比30%。[①] 这就意味着，中国石油需求"封顶"的时间有可能晚于世界石油需求"封顶"的时间，从而为石油进口留有更多的市场空间。因此，对于中东石油出口国而言，中国等亚洲市场可能具有更大规模和更加持久的空间，加强与中国等亚洲国家的合作具有更高的价值。近年来，

---

① 谢克昌：《中国能源变阵433格局》，《能源评论》2017年第7期。

俄罗斯和美国都加大了开拓中国等亚洲市场的力度，从而使中国等亚洲市场的竞争加剧。中东国家如果不加紧这方面的努力，有可能失去维护石油收入相对稳定的最后机会。

从天然气市场来看，亚洲也是比发达国家更加具有巨大潜力的市场。近年来，美国依靠页岩气开发技术的应用，已基本实现天然气的自给自足，并从天然气进口国转型为天然气净出口国。受经济增长缓慢的影响，欧洲的天然气市场需求增长也长期比较缓慢。日本的天然气消费需求，已经呈现出下降的趋势，从2014年的1.07亿吨石油当量逐渐下降到2018年的9950万吨石油当量。因此，发达国家的天然气进口市场开发潜力相当有限。相比之下，亚洲特别是中国的天然气市场却表现得蒸蒸日上。中国的经济快速增长，对清洁能源需求上升，最近十多年来天然气进口增长速度位居世界前茅。2018年，中国已经成为世界最大的天然气进口国。中国等亚洲国家与美国、澳大利亚、中东等天然气主产区远隔重洋，从这些地区进口天然气必然要采取液化天然气（LNG）的方式，因此成为世界主要的LNG进口市场。世界LNG输出国纷纷把竞争的目光投向中国市场。美国的页岩气在2018年已经少量进入中国市场。卡塔尔等LNG输出国因美国天然气独立而被排挤出美国市场，需要另寻出路。伊朗的南帕尔斯大型天然气田开发受到美国单方面制裁影响暂时处于停止，一旦恢复开发，也将面临市场的定位问题。在当前的国际天然气市场格局之下，中东天然气输出国要寻找新的市场，其实并没有太多的选择，无论如何中国都会成为市场竞争的首选之地。

总而言之，重视中国等亚洲石油、天然气市场，关系到中东"资源地租"国家的前途命运，也是国际石油、天然气市场结构性变化的大势所趋，一定会成为中东石油、天然气输出国市场战略的主攻方向。中国离不开中东的石油、天然气供应，中东石油、天然气输出国更离不开中国的市场。

四 中国与中东国家面临的共同挑战

中国和中东国家既然在能源安全方面都长期相互离不开对方，就有了加强能源合作战略性的相互需要和良好的合作基础。中东国家作为石油、天然气输出国，面临着石油、天然气出口安全的严峻挑战。在可持续发展观的影响下，以及全球能源低碳化、节能和提高能源效率的政策引导下，世界石油的需求即将停止增长，天然气的需求也开始受到可再生能源的挑战，而石油、天然气供应能力仍在不断提升。在全球石油、天然气供过于求的大趋势之下，中东国家在市场和价格竞争中陷入被动，其全球市场份额被不断压缩，竞争空间不得不转向亚洲市场，特别是中国市场。如何巩固和加强与亚洲，特别是与中国的能源合作，已经成为关乎"资源地租"型国家前途命运的战略性问题。中国作为当今世界最大的石油进口国和最大的天然气进口国，面临着进口安全的挑战。尽管全球石油、天然气供应供过于求的长期趋势和卖方竞争的加剧，使中国在石油、天然气进口的数量和价格上可以获得更好的保障，但这并不意味着中国的石油、天然气进口可以脱离中东的供应。无论是从中国石油、天然气进口多样化的合理战略布局来看，从全球各国、各地区可供中国进口的石油、天然气资源量来看，还是从和平发展趋势下进口中东石油、天然气的经济性和便利性来看，中东都将长期是中国离不开的主要石油、天然气进口来源地之一。因此，随着国际石油、天然气市场的结构性变化，卖方竞争向亚洲特别是中国市场转移，中国与中东石油、天然气输出国之间的能源关系将变得越来越密切。

在这种日益相互依赖的紧密能源关系之下，中国和中东石油、天然气资源国的一方所面临的许多问题，往往可以成为双方利益攸关的共同性问题。特别是石油、天然气生产国和产区的安全问题、运输通道的安全问题、能源合作水平升级的问题和开拓能源合作新领域的问题。

（一）中东地区的局势长期动荡

从国际石油、天然气的供应安全来看，国际公认的标准无非是三条。第一条是石油、天然气生产不发生中断，第二条是石油、天然气的国际运输不发生中断，第三条是石油、天然气的价格应当保持在其出口国和进口国都可以接受的合理范围。从第二次世界大战以后历次高油价形成的原因来看，导致高油价的因素或者是世界经济快速增长导致的石油需求高速增长，例如21世纪前八年的情况；或者是中东石油、天然气产区和运输通道爆发冲突导致大规模的石油供应中断，引起了国际石油市场的恐慌和投机，例如20世纪70年代初第四次中东战争爆发和阿拉伯石油输出国组织国家对西方国家和日本进行石油禁运，以及70年代末到80年代初伊朗国内动乱和两伊战争的爆发等。在前面的论述中，本报告已对全球石油、天然气供应大趋势进行了分析，一个基本的判断是，供过于求将是国际石油、天然气市场的长期基本面。因此，基本上可以排除需求快速增长引发价格持续上涨的情况发生。如果这种判断是正确的，那么今后是否还会出现高油价的时期，关键就要看中东石油、天然气产区和石油、天然气运输通道的政治局势是否能够稳定了。这方面的安全风险依然是存在的。

中东石油、天然气生产的最大安全威胁是地区政局的动乱和地区冲突。综观第二次世界大战以来国际石油安全的历史不难看出，过去60年来发生的绝大部分重大供应中断（供应中断的峰值达到 200 万桶/日以上），都是这类因素引发的中东国家的石油生产中断，以及由此导致的出口供应中断。其中多次供应中断直接导致了国际油价的大幅度上涨，给石油生产国和进口国都带来严重损失。2019 年沙特阿拉伯在阿德凯克（Adqaiq）和库赖（Khurais）的石油设施遭到袭击，导致沙特阿拉伯的原油处理能力短期内丧失 570 万桶/日，造成了世界历史上最大的供应中断，致使石油国际油价短期内上升了 20%。这一事件说明，中东地区冲突对石油生产的威胁并没有走远。

表 4-1 反映了从第二次世界大战结束以来，世界上发生的绝大多数大规模石油生产和出口中断，都是由中东地区的冲突引发的。

表 4-1　　重大国际石油供应中断事件的时间、规模和原因[①]

断供时间（年.月）	断供峰值（万桶/日）	断供原因
1956.11—1957.3	200	第二次中东战争
1967.7—8	200	第三次中东战争
1973.10—1974.3	430	第四次中东战争及阿拉伯石油禁运
1978.11—1979.4	560	伊朗伊斯兰革命
1980.10—1981.1	410	两伊战争

① 表 4-1 是作者对 60 年来的突发性国际石油供应中断且断供峰值超过每日 100 万桶的重大事件的统计，数据主要来自国际能源署、石油输出国组织、美国能源署和相关媒体报道。

续表

断供时间 （年.月）	断供峰值 （万桶/日）	断供原因
1990.8—1991.1	430	伊拉克入侵科威特及海湾战争
1999.4—2000.3	330	欧佩克减产促价
2001.6—7	210	伊拉克与联合国"石油换食品计划"纠纷
2002.12—2003.3	260	委内瑞拉石油工人罢工
2003.3—12	230	伊拉克战争及其后续影响
2018.4至今	260	美国对伊朗实施石油出口限制
2019.9	570	沙特阿拉伯石油设施遭袭击

地区冲突和紧张局势对生产合作也构成了严重威胁。地区冲突和紧张局势不仅直接影响石油、天然气资源国的生产，对于石油、天然气资源国与外国投资者的合作也是非常现实的巨大威胁。其他国家的合作姑且不论，仅中国与中东国家的石油、天然气生产合作，就是地区冲突的典型受害者。

第一个例子是中国与苏丹的能源合作。1995年，苏丹政府决定与中国等国企业联合开发石油资源。1997年，苏丹政府与中国、马来西亚和加拿大（后将股权转让给印度企业）的企业合资成立大尼罗石油公司，开始油田开发、石油管道建设和炼油厂建设，开启了石油工业上游产业和下游产业综合发展的进程。1999年，苏丹开始生产和出口石油，成为一个石油输出国。石油产量在达到高峰的2008年为平均50万桶/

日。① 2000年5月16日，中国石油天然气集团有限公司（以下简称"中石油"）与苏丹能矿部合资建造的喀土穆炼油有限公司炼油厂建成投产，成为苏丹工业化的标志性成就。这座现代化的炼油厂以苏方持股51%和中方持股49%，使用中国标准、中国技术和中国装备建成。炼油厂设计能力为250万吨/年（原油加工能力5万桶/日），2006年扩建后，原油加工能力扩大到500万吨/年。然而，长期以来苏丹南北双方因民族宗教的不同和利益分配的矛盾进行内战，2011年又通过南方全民公投分裂成为苏丹和南苏丹两个国家，中国与苏丹的能源合作因此受到严重影响。南苏丹分裂后带走了原苏丹石油产能的3/4，② 但又必须依靠苏丹的管道系统和港口实现石油出口。由于双方未能在南苏丹分裂之前达成石油生产和运输合作的协议，为分裂后的危机留下严重隐患。南苏丹分裂后，双方在南苏丹支付石油设施补偿费和石油运输过境费等方面争执不休，南苏丹的石油生产一度陷入停顿。直到双方于2012年8月达成协议后，石油生产和运输才于2013年4月恢复。但是紧接着，由于2013年南苏丹向苏丹反叛武装提供军事支持，以及南苏丹支持基尔总

---

① *Sub Saharan Africa 2016*, London and New York, Routledge, 2017, p. 1199.
② Ibid..

统和马沙尔前副总统的两派爆发武装冲突，石油设施遭到破坏。虽然大尼罗石油公司仍然是苏丹和南苏丹的石油开发的经营者，但在南苏丹内乱和两国边境冲突的影响下，这些油田的产量陷入了难以稳定的状态之中。

第二个例子是中国与伊拉克的能源合作。2009年，中国石油化工集团有限公司（以下简称"中石化"）在伊拉克收购了瑞士阿达克斯石油公司，其中包括该公司在伊拉克北方库尔德地区拥有的塔克塔克油田。然而，2003年美国发动伊拉克战争，推翻萨达姆政权并建立新政权以来，伊拉克尽管建立了联邦制的新国家，但实际上国内的伊斯兰教逊尼派、伊斯兰教什叶派和库尔德人三大势力各据一方，国家和中央政府无力有效地实施对各民族和教派的管控，在石油、天然气资源的管理上，也因各派利益分配不均，长期不能通过一部统一的法规。库尔德人与中央政府矛盾尖锐，利用对北方地区的实际控制，成立了伊拉克"库尔德地区自治区政府"，并且于2017年不顾中央政府警告举行了"独立公投"。与此同时，在没有全国性石油、天然气资源合作立法的情况下，"库尔德地区自治区政府"利用对该地区石油、天然气资源的实际控制，邀请外国公司对其石油、天然气资源进行投资开发。中石化与该公司的石油合作合同就是在这样的背景下签署的，其能否顺利实施还取决于伊拉克国内库尔德人与中央政府关系的发展。

第三个例子是中国与伊朗的能源合作。伊朗因长期遭受美国单方面制裁，经济困难，急于吸引外资开发本国的石油、天然气资源。特别是在2015年《伊朗核协议》签署以后，伊朗加快了吸引外资的步伐，制定了石油、天然气工业发展的宏伟规划，并且为突破《伊朗伊斯兰共和国宪法》第81条关于禁止给予外国企业以矿业开采特许权的规定，对石油、天然气合作模式进行了重大改进。特别是改变了从2002年就立法实施，但对外国投资者明显缺乏吸引力的"回购"合同模式。伊朗石油公司于2015年11月推出了为期20年的新石油、天然气合同模式，新模式允许伊朗国家石油公司与外国企业成立合资公司，双方根据产量及股比获得报酬。与回购模式相比，新石油、天然气合同赋予外国投资者参与经营管理的权利，具备了石油产业的产量分成协议特征；合同有效期从3—5年延长到20—25年，更有利于外国投资者进行长期规划；在项目没有进展和产出情况下，外国投资方按照旧合作模式得不到任何补偿，而在新合作模式中可以享有参与其他项目的优先权。这一合同模式于2016年8月获得内阁批准，获准实施。中国企业长期致力于与伊朗的能源合作。早在2004年，中石油就与日本石油公司联手投资阿扎德甘石油项目。中国还与伊朗达成了关于中石化开发亚达瓦兰油田，参与马吉德苏莱曼油田开发等合作协议。2006年中国海洋石油集团有限公司（以下简称"中海油"）与伊朗签署开发伊朗的帕尔斯石油、天然气田，建设液化天然气厂和输送设施，以及伊朗向中海油供应天然气25年的合同，并计划把所产液化天然气的50%出口到中国。面对《伊朗核协议》签署后能源合作的新机遇，2016年，中石化和中石油又与伊朗签订了亚达瓦兰油田二期项目和北阿扎德甘油田二期项目的谅解备忘录，合作领域包括石油、天然气勘探开发、设备制造、提炼和石油化工等一系列项目。另外，中国和伊朗还签署了在伊朗南部的格什姆自贸区修建石油码头的合同，拟将该岛建成伊朗最大的石油产品生产和储存地。然而，就像其他有意与伊朗开展大规模石油、天然气合作的国家一样，中国与伊朗开展石油、天然气生产合作的努力，都因美国对伊朗实施单方面制裁而遇到严重障碍。美国在1996年就通过了《伊朗—利比亚制裁法案》（也称"达马托法"），对在伊朗石油、天然气领域投资超过2000万美元（后放宽到4000万美元）的外国公司实施制裁。正当伊朗新合同模式在2016年8月获得内阁批准，包括中资企业在内的外国公司准备迎接与伊朗能源合作新高潮的时候，美国又兜头泼下一盆冷水。

美国参议院于2016年12月通过了将《伊朗—利比亚制裁法案》延期执行到2026年的决议。2018年美国退出前政府已经签署的《伊朗核协议》，恢复对伊朗的单边制裁，使包括中国企业在内的外国投资者与伊朗开展能源合作顿时化为泡影。

  21世纪以来，主要石油、天然气资源国聚集的海湾地区成为中东地区冲突的热点。中东地区冲突导致石油供应中断的风险有增无减。最令人担忧的因素是美国对中东政策的不确定性。美国在严重依赖中东石油供应的年代，特别是1973年第一次石油危机爆发以后，曾经为稳定中东局势进行过认真的努力。尽管这种努力的出发点完全是美国自身的能源供应安全利益，以及维护以色列和西方盟国的利益，但无论是从卡特总统推动埃以媾和、克林顿推动阿以和平进程，还是克林顿执政时期对伊朗和伊拉克推行"双遏制"政策，在客观上均对于防止中东石油供应的大规模中断产生了一定的作用。然而，21世纪以来，在很大程度上由于美国能源独立步伐的加快和对中东石油进口依赖程度的明显降低，美国从2003年打完伊拉克战争以后，即开始在中东采取战略收缩的政策，维护中东石油供应安全，已经不再是美国中东政策的重要依据。中东地区在外部大国控制减弱的情况下，原有的地缘政治格局被打破，民族教派等问题集中爆发，地区大国之间的冲突加剧，非国家实体在地区冲突中日益活跃，国内矛盾与外国干涉相互交织。地区冲突的数量、复杂性和激烈程度，都达到了百年罕见的程度。更令人担忧的是，随着美国与伊朗对抗的加剧、伊朗与沙特阿拉伯争斗的展开，以及也门内战的爆发，中东地区冲突的焦点从巴以问题转移到石油、天然气资源国最为集中的海湾地区。从这种意义上讲，中东地区冲突对影响石油供应安全的威胁不但没有减少，反而进一步增加了。

（二）运输通道存在安全风险

石油、天然气运输通道的安全问题，也是中国和中东石油、天然气资源国面临的共同挑战。特别是，从中东运输石油、天然气到中国，有两个必经的海峡通道和一些陆地通道。这些通道普遍存在着安全的隐患。

霍尔木兹海峡是目前全球最繁忙的贸易通道，也是安全隐患最突出的通道。霍尔木兹海峡位于伊朗与阿曼之间，把海湾地区石油生产国与世界市场连接起来。每天通过的原油运输量达 1600 万桶，油品运输量达 400 万桶，大约相当于世界海上石油贸易量的 1/3，主要是从沙特阿拉伯、伊拉克和伊朗向包括中国在内的亚洲地区运输石油、天然气。2018年，中国进口的石油有40%是通过这个海峡运输的。此外，全球LNG贸易中1/4以上的运输量，也须通过这个海峡。由于亚洲的天然气进口在很大程度上依靠卡塔尔和阿联酋的LNG供应，这个海峡也成为包括中国在内的亚洲国家LNG进口的必经之路。因此，霍尔木兹海峡如果发生任何阻碍，都会导致国际石油、天然气市场的紧张，也会使欧佩克的大量剩余生产能力不能发挥市场调节的作用。

从缓解霍尔木兹海峡运输通道的风险来看，中东主要石油输出国中只有沙特阿拉伯和阿联酋建有绕开这个海峡的油管。沙特阿拉伯的东西向油管主要有两条。一条是1981年为东部油田向欧洲出口而建成的东—西油管（East-West Pipeline，简称Petroline）。它连接东部油田与西部港口，输油能力约480万桶/日。另一条是伊拉克出资于1989年建成的从伊拉克东南部途经沙特阿拉伯，运输原油至红海的伊拉克—沙特阿拉伯管道（Iraqi Pipeline in Saudi Arabia，简称IPSA），运输能力165万桶/日。1990年1月，伊拉克开始使用该管道出口原油，但同年8月伊拉克入侵科威特后，沙特阿拉伯关闭了该管道。2001年6月，沙特阿拉伯以抵偿伊拉克债务的名义，把IPSA的所有权收归为己有，并将其改造为运送天然气的管道。阿联酋绕开霍尔木兹海峡的油管是中资企业承建的。2017年阿布扎比国际石油投资公司以议标方式与中国石油工程建设公司签订阿布扎比原油管线项目EPC总承包合同，2012年阿布扎比原油管道建成投产，最大运输能力每日180万桶，阿布扎比陆上油田生产的原油可以绕过霍尔木兹海峡直接从富查伊拉港出口。

从这两条管道的运输能力来看，它们对于缓解霍尔木兹海峡运输通道风险的作用是非常有限的。如果霍尔木兹海峡完全关闭，那么有可能阻断每日1600万桶的供应量，也就是全球供应量的大约17%。而沙特阿拉伯和阿联酋现有的管道运力加在一起，也只有660万桶/日，远远不足以抵消霍尔木兹海峡运输中断造成的影响。霍尔木兹海峡一旦关闭，对于亚洲天然气市场也会产生显著的影响。运输通道在冬天关闭，影响就会更加明显。因为，无论亚洲还是欧洲，冬天的天然气消费量是最高的。

马六甲海峡是另外一个存在安全隐患的海上运输通道。全球大约每日1900万桶的原油和油品，以及LNG运输，都要通过这个海峡。马六甲海峡也是一个燃料存储、燃料配用和船只加油的关键地点。由于这条通道连接着中东和非洲与亚洲的石油、天然气进口国，因此这条水道的安全不仅影响到中东与亚洲和中国的石油、天然气供应，也影响到非洲与亚洲和中国的石油、天然气供应，对于中国石油、天然气供应安全的意义甚至大于霍尔木兹海峡。值得注意的是，马六甲海峡的国际运输地位还在不断上升。到2030年的时候，马六甲海峡有可能成为世界上最大的石油和天然气贸易运输咽喉。根据国际能源署的预测，2018年的时候霍尔木兹海峡大约占全球石油和天然气贸易量的22%，在世界石油、天然气运输通道中排第一位，马六甲海峡占20%，排第二位；从2030年起，马六甲海峡将占26%，霍尔木兹占22%略强，霍尔木兹海峡第一的位置将被马六甲海峡所取代。此后，通过马六甲海峡的贸易量会继续上升，到2040年的时候占大约28%，而霍尔木兹海峡的占比变化将不会太大。马六甲海峡目前潜在的风险主要包括海峡过于狭窄而贸易量增加，大型油船和舰艇越来越拥挤；沉船、流沙、淤泥经常使航道改变，很多大型船只无法通过；海盗活动日益猖獗等。一旦马六甲海峡出现运输中断，对中国的石油供应将产生重大影响。

如何绕开马六甲海峡，开辟连接中东与亚洲的运输新通道，一直是国际石油、天然气运输安全战略的研究课题，并已经有一些方案提出。迄今已经提出的替代马六甲海峡运输通道的海上方案至少有三个。第一个方案是利用距离马六甲海峡较近的位于印度尼西亚的爪哇与苏门答腊之间的巽他（Sunda）海峡。但这条海峡的问题在于，它过于狭窄，无法通行大型油轮。第二个方案是印度尼西亚的巴厘岛与龙目岛（Lombok）之间的龙目海峡。这条海峡的替代可行性较高，因为其宽度和深度都比较合适大型石油、天然气运输船舶通行，但现存的问题是缺少基础设施，特别是港口设施和加油站等。另外，由于它距离马六甲海峡较远，不可避免地会增加绕行时间和额外成本。第三个方案是在泰国开凿克拉地峡通道，即在泰国陆地最狭窄处的克拉地峡修建连接印度洋和太平洋的输油管道或开凿运河，从而在中东至东亚之间形成替代马六甲海峡的石油运输通道。据测算，开辟这样一条通道，可以使中东至亚洲的油轮比绕行马六甲海峡减少1000千米航程，节省2美元/桶的运费，并使泰国成为新兴的国际石油贸易中心。[①] 尽管该计划引起美孚、壳牌、伊藤忠等财团，以及沙特阿拉伯、阿联酋等国石油公司的重视，但因克拉地峡所在的泰国南方存在伊斯兰分离主义活动，泰国政府对这种在地理上人为切断南北陆地连接的项目尚难做出决断。

根据绕开马六甲海峡的思路，摆上桌面的还有两个海陆结合的运输通道方案：一个是已经建成并投入运行的中缅石油、天然气管道，另一个是中巴经济走

[①] Shawn W. Crispin：《能源大陆桥：泰国的梦想》，《中国经济时报》2004年2月23日（http：//jjsb.com.cn/show_89980.html）。

廊的石油运输通道。但两个方案也都有发生冲突的隐患。中石油与缅甸方面在2008—2013年合资修建了从缅甸的孟加拉湾实兑港到中国云南昆明的石油输送管线，设计能力为每年运输2200万吨原油，中石油的东南亚管道公司持股50.1%。与这条油管并行的还有一条从缅甸向中国供应天然气的管线。但缅甸是一个多民族国家，民族矛盾比较复杂，北方民族武装长期以来与中央政府处于敌对状态，武装冲突时有发生，西方国家也利用民族矛盾乘机插手，为缅甸油管的安全埋下了隐患。另一个方案是2006年巴基斯坦方面提出的修建从巴基斯坦的瓜达尔港到中国新疆的输油管道。实际上，如果增加修建瓜达尔港至伊朗东部的油管，伊朗在向中国出口石油的时候可以同时避开霍尔木兹海峡和马六甲海峡两个运输咽喉。但是，这条油管必须经过印巴之间有严重领土争议并曾两次引发印巴战争的克什米尔地区，因此非常容易诱发争议甚至冲突。

（三）石油、天然气合作需要升级

中国与中东石油、天然气资源国的能源合作，迄今为止主要处在贸易的水平。实际上，这种合作水平对于双方来说，都是不能满足的。无论是从愿望来说，还是从潜力来说，提升合作水平的空间都很大。在双方能源联系日益紧密的大趋势下，通过推动实现双方的这些愿望和潜力，应当是提升双方能源合作水平的重要课题。

1. 合作水平需要从低端走向高端

中国与中东石油、天然气资源国能源合作的主要方式，迄今仍然停留在贸易层面，其中既包括货物贸易，也包括服务贸易。从货物贸易的层面看，中国早已成为中东石油的最大进口国，2018年又成为世界最大天然气进口国。中东国家也是中国的最大石油进口来源和主要液化天然气进口来源。中国与中东国家在能源领域的服务贸易开始于20世纪90年代，其标志性的事件是1997年中国企业以工程承包的方式进入了沙特阿拉伯的石油市场。迄今为止，中资企业在中东国家提供油田开采的技术服务，承包修建管道等，业务量不断扩大，也带动了机电设备出口。从总体上说，这种货物和服务贸易，仍然属于石油、天然气合作的低端项目。一方面，由于石油、天然气资源国尽力压低服务报酬，中资企业拿到的单桶报酬是比较低的。以伊拉克为例。2008年，中石油和伊拉克北方石油公司签订了开发伊瓦西特省的艾哈代卜油田的为期23年的合同；2009年中石油与英国石油公司联合拿下鲁迈拉油田项目；中国与法国道达尔公司等组成联合体，与伊拉克签署了为期 20 年的哈法亚油田开发合同；2010 年中海油与土耳其的国有石油公司 TPAO 携手，与伊拉克签订了开发大型整装的米桑油田技术服务合同。这些合同都属于油田服务性项目。由于伊拉克方面坚持压低报酬，在当时国际油价已经超过 106.18 美元/桶的时候（迪拜原油价格），中资公司每开采一桶石油所能够得到的报酬最多仅有 2.3 美元（米桑油田项目），而鲁迈拉项目的每桶报酬还不到 2 美元。承担油田服务的企业只能依靠产出的数量支撑报酬的总量。但这是一种中方效益比较低的合作。西方石油公司除了与中国企业合作以外，一般不愿接受这种投资相对较多而回报相对较低的薄利多销式合作方式。

比较受国际石油公司青睐的合作方式是产量分成方式，但是提供这种合作方式的国家在中东地区迄今还为数很少。从阿联酋的案例来看，产量分成方式是一种中国投资方可以获得更多报酬的高端合作方式。阿联酋的石油属于常规资源，开发成本低。阿联酋采用产量分成的方式与外国公司合作。[①] 2013 年以来，

---

① 产量分成合同：外国企业就合作开采资源国石油和天然气订立合同后，应由外国合同者投资进行勘探，承担全部勘探风险。发现商业性油气田后，由外国合同者同资源国双方投资合作开发。外国合同者负责开发作业和生产作业，从生产的石油和天然气中回收其投资和费用，外国合同者可以将其应得的石油和购买的石油运往国外。为执行石油合同所进口的设备和材料，国家给予减税、免税或其他优惠。

中国抓住机遇，先后与阿联酋阿布扎比国家石油公司签署了四个石油工业上游领域合作项目合同。① 与中石油在伊拉克项目的技术服务合同和伊朗项目的回购合同模式相比，这种合作对于中资企业的主要好处是，在产量分成中阿联酋政府所得为88%—90%，中资公司可以获得的产量分成数量较大，而且中方享有对其获得的份额油的处置权，不受限制地在国际市场公开销售。实际上，只有通过这种方式，中国石油公司才能真正地分享优质石油、天然气资源的超额利润或资源"地租"收入。项目实施后，中方的权益产量（份额油产量）很快就实现了从零到千万吨的突破。与此同时，中石油积极实施一体化战略，在项目带动下，工程建设、技术服务和物资装备业务也取得新的突破和发展。

然而，中国与阿联酋的这种合作方式目前在中东地区还没有普遍进行，主要原因是中东地区的其他主

---

① 2013年，中石油和阿布扎比国家石油公司签署协议并成立联合公司Al Yasat，开发陆海项目，两国石油上游领域合作实现零的突破。该项目2018年3月实现海上油田第一期投产，从5月开始提油销售，启动投资回收。2017年2月，中石油与阿布扎比国家石油公司签署陆上油田开发项目合同，成为阿布扎比国家石油公司继道达尔与BP之后的股份占比第三的重要合作伙伴，合同期40年。2017年该陆上项目的产量约为大庆油田石油产量的两倍，占阿联酋原油总产量的50%以上。2018年3月，中石油与阿布扎比国家石油公司签署了两个海上油田开发项目合同。

要石油、天然气资源国的资源民族主义比较强烈,特别是沙特阿拉伯和科威特的石油、天然气工业上游领域还没有对外国投资开放。但值得注意的是,这些国家对国际石油、天然气市场份额竞争压力的增大,为了利用外国公司的资金、技术和市场销售渠道,正在为其石油、天然气工业上游领域的对外开放进行试探。例如,沙特阿拉伯在2003年尝试对外国投资者开放天然气勘探开发,当年下半年中石化在国际竞标中,获得在沙特阿拉伯南部的勒巴阿地区勘探开发天然气的合同,并与沙特阿拉伯的阿拉库姆公司签署了合作开发这一天然气项目的商业协定。尽管这个项目最终并没有取得预期的成果,但标志着沙特阿拉伯这个中东主要石油、天然气资源国向石油、天然气工业上游领域的对外开放迈出了试探性的第一步。2020年,沙特阿拉伯阿美石油公司拿出5%的股权进行IPO上市,标志着该国石油工业上游领域的对外开放也已经开始尝试。一旦主要石油、天然气资源国的石油、天然气工业上游领域对外开放,将给中资企业带来巨大投资机遇,给中国与中东国家的石油、天然气合作从低端走向高端带来巨大的机遇。

2. "国际一体化"合作仍有空间

中东主要石油、天然气输出国从20世纪80年代的时候开始,就采取所谓石油工业"国际一体化"战略,与新兴的石油输出国竞争国际市场。这种战略的核心内容就是通过投资控制石油进口国的石油工业下游产业,来确保石油进口国对其石油出口的需求。对于中国而言,大规模发展石油、天然气下游产业需要庞大的资金投入。对接石油、天然气输出国的国际一体化战略,吸引石油、天然气输出国的资金,加快石油、天然气下游产业的建设,实际上也是双方的互利双赢之举。

自从 20 世纪 90 年代末中国成为石油净进口国以来,中东主要石油、天然气输出国沙特阿拉伯和科威特就开始对中国实施了这种市场战略。自 2007 年以来,沙特阿拉伯阿美石油公司已经与中资企业合资建立了福建石油项目、福建炼化项目、天津炼化项目、河北炼化项目、浙江炼化项目和辽宁炼化项目六大项目,设计年炼油总能力为 9500 万吨。2017 年沙特阿拉伯对中国出口原油 5200 万吨。[①] 这些项目全部完工后,沙特阿拉伯目前占有的中国市场规模,依靠这些项目而得以保持。科威特全国石油公司正在建设年炼油能力 1500 万吨的广东炼化项目,大约相当于该国 2017 年对中国原油出口量的 83%。这些合资项目的实现,为中方炼油工业的发展和升级,以及确保中东石油、

---

① BP, *BP World Energy Statistical Review 2018*, p. 24.

天然气资源国的市场份额,发挥了互利双赢的合作功效。

从未来看,炼化能力的合作发展仍有一定的空间。新的发展动力主要来自两个方面。一方面是中国炼油工业的结构调整。尽管目前中国的炼油能力总体过剩,炼油平均开工率2018年为72%,但炼化产业的结构性调整还会继续释放出新的发展空间。中国炼油业存在的结构性问题是,大型的先进炼厂产能不足,小型的落后炼厂产能过剩。2018年,中国炼厂平均规模仅430万吨/年,低于全球前五大炼油国平均单厂规模,仅为韩国、新加坡等国平均规模的1/5—1/6。大量落后产能的存在,不利于中国实现绿色发展理念。因此,中国正在通过建设先进产能,淘汰落后产能,实现产业的升级。根据中国专家的研究,2018—2025年中国将新增炼油能力2.1亿吨/年,淘汰1.1亿吨/年产能,把全国炼油能力从8.4亿吨/年扩大到9.4亿吨/年,从而使1000万吨/年以上的企业产能占比由34%提升至51%,把单厂规模由430万吨/年提高至630万吨/年,从而接近美国的水平。另一方面是石化工业发展前景看好,对石油原料需求会有较大的增长。在全球范围内,作为石化工业原料的石油需求增长,已经成为推动世界石油需求增长的主要动力,中国的情况也不例外。中国石化工业仍然处在大发展的时期,中国石化产品消费快速提高是世界石化产品消费增长的主要动力。随着中国的消费升级，汽车、家电、纺织、房地产等产业将呈现持续发展态势，未来以乙烯和对二甲苯（PX）为代表的石化产品需求均有较大增长空间。当前，中国乙烯当量消费水平约为31千克/人，预计2050年，中国乙烯当量消费水平达到60—70千克/人的水平。中国的乙烯原料结构与欧洲相近，石油基原料占到80%以上。因此，作为工业原料的石油需求会有相应的大幅度增长。在石油越来越多地被用作化工原料而不是燃料的全球大趋势下，中国石化产业对石油原料的需求仍然保持旺盛的增长，可以继续为炼化能力的扩张和升级提供支撑。[1]

中国的战略储备建设也有可能成为新的合作领域。中国的战略储备建设发展还远远达不到应有的速度。据国家统计局网站消息，截至2017年中，中国建成舟山、舟山扩建、镇海、大连、黄岛、独山子、兰州、天津及黄岛国家石油储备洞库共九个国家石油储备基地，利用上述储备库及部分社会企业库容，储备原油3773万吨。这一储备能力与中国2017年4.2亿吨原油进口量相比，仅相当于34天的进口量，[2] 远远没有达

---

[1] 乞孟迪等：《中国石油需求放慢背景下新一轮炼油产能扩张解析》，《国际石油经济》2019年第5期。

[2] BP, *BP Statistical Review of World Energy 2018*, London, 2018.

到国际能源署提出的战略石油储备相当于90天进口量的标准；与当年6.1亿吨石油消费量相比，只相当于23天的消费量，与日本相当于150天消费量的战略储备水平相比，更是相去甚远。战略储备不足的重要原因是储备设施建设的速度不能大幅度超过石油消费增长的速度，因此尽管中国从20世纪90年代以来就努力建设战略储备设施，储备能力与消费水平的比率提高十分缓慢。建立战略储备尽管不可能产生高额的利润，但如果经营得当，也不是无利可图。目前国内已有民企参与石油储备建设。能否利用石油、天然气资源国的资金加快战略储备能力建设，是一个值得探讨的问题。

天然气工业下游领域也存在着很大的合作空间。特别是随着天然气消费的快速增加，基础设施需要有相应的大发展。首先，随着LNG进口量的迅速攀升，中国需要建设更多的LNG码头和接收站，保持LNG气化能力与LNG消费需求的同步增长。其次，中国目前的天然气储备水平还是很低的。发达国家的地下天然气储存库容量一般可达天然气消费量的20%，而我国2018年25个地下天然气储存库容量为120亿立方米，仅相当于当年2283亿立方米天然气消费量的5.3%，与发达国家有很大差距。由于中国天然气消费增长快，尽管天然气储存库储存能力也在扩大，但扩大的速度没有超越天然气消费的增长速度，因此储量与消费量的比例多年来变化并不大。天然气的储备能力不足，不仅使中国缺少应对天然气供应中断的安全手段，而且在每年冬天北方用气进入高峰的时候，也没有足够的手段进行调峰运行。再次，中国的天然气管网建设需要进一步的发展完善。特别是在中国北方冬季是天然气消费的高峰期，北方地区的天然气管网输气能力显得捉襟见肘，往往运行达到极限，甚至需要超负荷运行。天然气储运设施的发展，也可以为中东石油、天然气输出国的投资提供机会。

（四）新能源合作有待开展

在世界石油需求走向封顶的同时，代之而起的除了天然气以外，就是非化石新能源。中东海湾国家已经开始能源转型，从开发利用石油、天然气资源转向新能源开发。新的能源合作领域已经出现，但这个机遇双方还没有利用好。

海湾国家的太阳能和风能资源比较丰富，而且拥有比较雄厚的资金实力，因此具有发展光伏发电、风能发电和核能发电等新能源合作的良好基础。在海湾国家近年的经济多样化战略中，发展新能源普遍成为一项重要内容。多个海湾国家已将发展光伏发电和风能发电列入发展远景规划之中。沙特阿拉伯在 2017 年 10 月宣布的"新未来"项目,该项目计划投资 5000 亿美元,其中包括建设世界最大的太阳能发电项目,该项目计划到 2030 年实现 200 吉瓦发电能力目标,累计投资 2000 亿美元。阿联酋的迪拜酋长国 2016 年宣布将在 2030 年增加 1000 兆瓦的光伏发电能力,将全国光伏发电能力提高到 5 吉瓦,满足迪拜 25% 的发电需求。[①] 科威特 2012 年颁布了《2035 战略愿景》发展规划,此后又提出了实现规划的核心项目,即"丝绸城和五岛"国家级大型开发项目。该项目高度重视太阳能发电项目,计划在布比延岛建设太阳能区:占地 80 平方千米,建设成本 11.7 亿科威特第纳尔。计划建设 3000 兆瓦的发电能力,充分满足布比延岛的目前和未来需要。科威特在丝绸城和五岛开发项目中也计划开发太阳能发电项目。阿曼的光伏发电目标是,把光伏发电能力从 2017 年的 8 兆瓦提高到 2024 年的 2.1 吉瓦,满足全国主要电网需求的 30%。此外,还大力发展风能和垃圾发电,从而使可再生能源发电能力在 2024 年达到 2.6 吉瓦的水平。[②] 中国是世

---

① 《阿联酋拟斥资 1630 亿美元投资可再生能源项目》,环球网 (http://world.huanqiu.com/hot/2017 - 01/9937886.html? agt = 15438,2017 年 1 月 12 日)。

② 《一路一带阿曼光伏需求分析》,北极星网站 (http://guang-fu.bjx.com.cn/news/20190226/965225.shtml,2019 年 2 月 26 日)。

界光伏发电设备和风能发电设备的生产和出口大国，海湾国家对发展光伏发电产业的热情，为中国发挥这些方面的优势，与海湾国家开展新能源合作，提供了良好的机遇。

多数海湾国家为了逐渐摆脱对石油能源的依赖，都有发展核能的意向、规划或项目。继2006年12月海湾合作委员会宣布要发展核能，以满足未来的需求之后，沙特阿拉伯从2007年开始与国际原子能机构进行利用核电进行海水淡化的可行性研究，并计划到2032年建造17.6千兆瓦的核发电能力。为此，需要建造16个反应堆，其中两个核反应堆的建设招标预计在2020年开始。卡塔尔在2008年1月与法国签署核能合作协议，巴林在2008年3月与美国签署核能合作谅解备忘录，阿曼于2009年与俄罗斯联邦国际原子能机构也签署了类似的协议，同年科威特成立了核能委员会。阿联酋计划在2050年使核能在能源结构中的比重达到6%。[①] 该计划已经进入落实阶段。该国于2009年与韩国签订了价值200亿美元的合同，由韩国承建四座核电站。在整个海湾地区，发展核能的高潮已经开始。中国拥有核电技术的自主知识产权，并已经开始与英

---

① 赵今：《阿联酋能源战略投资计划：到2050年将取消所有能源补贴》，人民网（http://paper.people.com.cn/zgnyb/html/2018-01/22/content_1832396.htm）。

国等开展核电站建设的合作。海湾国家为了实现经济多样化和应对庞大的能源需求,掀起发展核能发电的高潮,给中国与海湾国家开展非石油、天然气能源合作,开辟了又一个值得探索的重要领域。

但是,面对中东地区正在到来的新能源开发浪潮,中国与中东国家的能源合作仍然停留在传统的石油、天然气能源合作层面。在利用新能源开发的新机遇方面,中国与中东国家的合作还比较少,而发达国家正在抢占先机,中国不应错过新能源开发合作的重大机遇。在光伏发电和风能发电方面,中东国家与欧洲和日本合作已经有一定规模。核能发电方面韩国占得先机,已经与阿联酋进行合作,建设了核能发电站。中国在新能源开发方面具有一定的竞争能力,不仅是世界光伏电池的最大生产国和出口国,也是风力发电设备的主要生产国和出口国。中国已经掌握了成熟的核能发电技术。把能源合作范围从石油、天然气等传统能源扩展到新能源,应当纳入中国与中东能源合作的视野中来。

总而言之,以上讨论的四个问题,都是关系中东石油生产和运输安全的重大问题,不仅涉及中国等石油、天然气进口国的利益,也涉及中东石油、天然气出口国的利益。这些方面的问题能够得到顺利解决,中国和中东石油、天然气资源国都会是受益者。因此,中国与中东国家在开展能源合作的过程中，应当把共同努力解决这些问题，作为双方合作的基本方向和新的增长点。

五 加强能源合作的路径和建议

国际石油、天然气供过于求，卖方市场竞争激烈，供应风险依然存在，中国与中东石油、天然气输出国面临着许多共同性的问题，扩大合作仍有空间。在这样的大背景之下，双方可以有多种路径加强合作，挖掘双方的合作潜力，在互利共赢的基础上，实现共同的安全与发展。这些合作路径至少可以包括：通过加强相互投资，提升石油、天然气合作的水平；通过推动石油、天然气人民币计价，削弱石油美元霸权的影响；通过促进供求双方对话，构建市场新秩序；通过开展新能源合作，拓宽能源合作领域；通过创新和平理念，缓和地区紧张局势；通过维护国际法准则，增进石油、天然气产区和运输通道安全；通过纠正国际视听，创造良好的舆论环境；通过加强军事合作，增进安全保障。

（一）通过加强相互投资，提升石油、天然气合作的水平

提升能源合作水平，就是要通过加强双方的相互投资，使双方的能源合作进一步深化，使能源贸易的规模进一步扩大。

对于石油、天然气输出国而言，通过投资于石油、天然气进口国的石油、天然气工业下游产业，特别是对"储库、炼厂、油化企业乃至销售系统"的投资建设，[①] 从而实现石油、天然气工业上游和下游产业链的国际化，是维护和扩大其石油、天然气出口市场的行之有效的方法。中东石油、天然气输出国从20年代80年代也使用了这种方法来开辟和巩固其石油、天然气出口市场，并且在中国市场也使用了这种方法。对于石油、天然气进口国而言，吸引石油、天然气输出国的投资，也成为获取外国投资，加快发展石油、天然气工业下游产业的重要形式。这种互利双赢的合作在中国已经取得了不少的进展，但仍然具有很大潜力，今后可以继续成为中国与中东石油、天然气输出国加强合作的基本路径。世界石油需求的一个重要趋势是，

---

① 张抗：《中国和世界地缘油气》，地质出版社2009年版，第829页。

石油化学工业对石油原料的需求快速增长，正在成为支撑石油需要的重要因素。中国的情况也是如此。根据国际能源署测算，从2018年到2030年，中国的炼油能力需要从每日1570万桶扩大到1920万桶。[1] 虽然中国的炼油能力目前是过剩的，但这种过剩具有结构性的特点，炼油工业的结构调整正在进行之中。大批低效率和高污染的小炼厂将逐渐被淘汰，不断地为大型石化联合企业的发展腾出发展空间。因此，随着中国原油消费需求和进口需求的不断增加，引进中东石油、天然气输出国资金，扩大和升级中国的石化产业，仍然可以大有作为。建议中方继续对这方面的合作予以推动。与石油领域相比，中国与中东国家在天然气领域的相互投资还没有大规模开展起来。天然气工业的下游基础设施建设，是中国能源工业发展的一个重点领域。其实，中东的天然气输出国如果想在中国LNG市场提高竞争力，最好的办法也莫过于参与中国天然气工业下游领域的投资建设，并且在参与中保持和扩大至中国天然气进口市场中的份额。中国的LNG码头、储备设施和运输网络建设，都可以为中东的石油、天然气输出国提供投资的机会。建议中方对这方面的投资合作给予大力推动。

---

[1] Edmund Hosker（ed.），*World Energy Outlook 2019*，IEA，Paris，p. 144.

对于中国的石油、天然气生产企业而言，也期盼着中东扩大投资机会。中资石油、天然气企业并不满足仅仅扮演中东石油、天然气资源开发工程服务商的低端角色。在这种合作方式中，不仅中资企业所获得的利润幅度小，而且还需要向当地的担保人交付为数可观的手续费。因此，中资企业期待能够更多地开展高端的石油、天然气开发合作，特别是以直接投资的方式获得更多优质的石油、天然气资源。迄今为止，中东石油、天然气输出国还存在不少对外资企业进入石油、天然气工业上游领域的限制和壁垒。其中，最大的障碍是沙特阿拉伯和科威特两个主要石油、天然气输出国尚未下决心对外国投资开放石油、天然气工业的上游领域。除此之外，中国石油、天然气企业投资中东石油、天然气输出国，还普遍需要其取消对外资企业的产权限制，承认中国合作方签字有效，取消雇用本地劳动力配额，取消本地人最低工资规定，为中资企业人员的工作签证提供便利，取消对中国标准的歧视，认可中国工程师的全部从业资历（包括在中国的从业经历），取消把工程项目分包给当地企业的强制规定，确保税收优惠和廉价电费等基本优势可以长期延续，等等。建议中国方面予以适当的推动，消除有碍中国石油、天然气企业在中东石油、天然气输出国投资的这些障碍和壁垒；同时推动中东国家方面从市场竞争的大局出发，将合作变成为更加主动的行动。当然，为了更好地进入中东石油、天然气能源国市场，中方也需要进一步提升自身的能力。例如，中东一些国家的天然气含硫量较高，中国在天然气脱硫技术方面距离国际先进水平还有差距。建议中方有针对性地提升这方面的技术能力，提升对中资企业在中东天然气开发领域的竞争力。

  对于中国和中东石油、天然气输出国双方而言，开展与第三方的合作，对于维护双方的能源安全也具有重要意义。特别是，推动运输通道多样化建设的多边合作应当受到重视。在目前已经提出的各种运输通道多样化方案中，相对而言，印度尼西亚的龙目海峡、泰国的克拉地峡等方案具有一定的可行性。龙目海峡南北长 80.5 千米，最浅处水深也有 250 米，而且没有暗礁，可通行载重 20 万吨以上的大型船只。这条海峡实际上已经被当作石油运输通道使用，问题仅仅是由于绕行造成的运费较高和海峡周边基础设施与马六甲海峡附近的新加坡无法相比，因而对于运输船只吸引力较弱。加强中国、中东石油、天然气输出国和印度尼西亚的资金和工程技术合作，改善海峡周边的基础设施状况，龙目海峡作为石油、天然气运输通道的地位就有可能获得进一步的提升。克拉地峡运输通道有开凿运河和铺设管道两种方案。如果说开凿运河可能造成较大的政治风险，铺设横跨地峡的石油、天然气管道则可以降低这方面的安全风险。这两条航道的开发利用，涉及东亚、东南亚和西亚等地区石油、天然气进口国、出口国和运输过境国的利益，可以为利益攸关方开展多边合作提供机会。建议中国与有关方面围绕石油、天然气运输通道建设的这些方案，推动相关合作项目的谈判和规划，打造一个多方合作的增长点。

必须注意的是，无论是涉及双边的石油、天然气工业上游领域的对外开放，或者进一步放宽对外国石油、天然气工程服务的引进政策，还是涉及多边的石油、天然气运输通道的开发建设，大多涉及相关国家主权。因此，只能在遵守和平共处五项原则的基础上适度推动，而不可能一厢情愿地强求。

（二）通过推动石油、天然气人民币计价，削弱石油美元霸权的影响

无论是石油、天然气进口国还是输出国，都感到目前实行的以美元为石油、天然气贸易计价货币的石油美元体系，对于双方的石油、天然气贸易利益产生的负面影响越来越明显。因此，构建非美元计价石油、天然气贸易体系，特别是最大石油、天然气进口国中

国的货币参与国际石油、天然气计价体系的意义，正在逐渐显露出来。

石油美元的霸权地位是 20 世纪 70 年代建立起来的。1974 年，美国作为当时最大的石油进口国，与沙特阿拉伯达成石油美元协议。根据协议，沙特阿拉伯以美元计价出口石油，并将出口石油的收入在扣除进口开支以外，主要以购买美国国债等美国资产的形式向美国回流，以此换取美国对沙特阿拉伯提供经济和安全援助。以美元计价的石油贸易体系的形成，反映了当时的最大石油进口国美国与最大石油出口国沙特阿拉伯之间的石油贸易在国际石油市场上占有核心地位。如今，国际石油供求的核心已经转为中国与沙特阿拉伯和俄罗斯等国家之间的石油贸易关系。随着美国能源独立的实现，这个协议对于美国的石油进口安全和石油美元回流也已经不再重要。相反，美元在国际石油贸易中的霸权地位，反而成为有损中国等新兴的主要石油进口国和沙特阿拉伯、俄罗斯等石油、天然气输出国能源利益的羁绊。在这个体系之下，除了美国以外，世界所有其他国家对于因美元汇率变动而产生的实际石油价格无法控制，对于美国向石油、天然气输出国发起的石油、天然气出口单边制裁也无法应对，只能被动地听凭美国的摆布。例如，尽管美国当前正在对伊朗实施包括金融制裁在内的单方面制裁。

尽管这一制裁受到国际社会的普遍反对，但由于美元支付的关键环节，即银行的环球银行间金融电信协会代码（Society for Worldwide Interbank Financial Telecommunication code，简称 SWIFT code）完全掌控在美国手中，任何国家也无法绕过美国的制裁与伊朗完成美元计价的交易，其中包括石油交易。因此，世界上越来越多的国家，特别是深受这种美元霸权伤害的石油、天然气输出国和进口国，都在寻求摆脱美元对石油贸易控制的出路，探索各种非美元计价的石油交易方式。即便是沙特阿拉伯对于坚持以美元作为石油贸易计价货币也发生了动摇。2019 年 4 月 4 日，美国因对沙特阿拉伯率领欧佩克与俄罗斯联合"限产保价"不满，众议院司法委员会曾通过禁止石油生产和出口卡特尔法案，直接把矛头指向欧佩克的产量配额制度。一旦该法案被总统签署并成为法律，欧佩克成员国的石油公司将受到反垄断监管，可能遭到反垄断调查甚至诉讼。据报道，沙特阿拉伯方面则表示，如果美国总统签署这项法案，沙特阿拉伯将不再采用美元作为石油贸易的计价货币。

对于中国来说，摆脱石油美元霸权的最好出路是建立石油人民币体系，实现以人民币计价的石油贸易。这样不仅可以避免石油、天然气贸易的汇兑风险，而且可以增加石油、天然气贸易免受美国干预的自由安全程度。石油、天然气输出国卖方竞争加剧，为中国与主要石油、天然气输出国之间开展这项合作，创造了更加有利的条件。俄罗斯、伊朗、委内瑞拉、尼日利亚、安哥拉、卡塔尔、阿联酋、伊拉克、沙特阿拉伯等国都已在不同程度上开展过以人民币计价的石油交易。2018年3月开业的上海石油期货交易所在推动石油人民币方面迈出了重要的一步。交易所的石油交易以人民币计价，并且在开业不到一年时间，交易量就超过了迪拜商品交易所，以及东京和新加坡的石油交易所，上升到仅次于纽约和伦敦的世界第二位，充分显示出石油人民币的吸引力和发展潜力。有鉴于此，建议中国继续推动以人民币计价的石油贸易，与此同时，还应利用我国成为国际天然气最大进口国的地位，扩大上海石油交易所的业务范围，并且把以人民币计价扩大到天然气交易。通过石油交易所的发展与中国和中东国家的货币互换、人民币结算中心建设、人民币计价的债券发行等其他举措相互促进，在中东地区形成推动人民币国际化的合力，又以人民币地位的提高反推石油人民币的形成，从而为逐步摆脱美元霸权的控制，开辟中国与中东国家石油、天然气合作更加自由的空间，创造更加有利的环境。

（三）通过促进供求双方对话，构建市场新秩序

20世纪70年代以来，国际石油市场维持供求和价格平衡的一个重要调整因素是，随着非欧佩克石油生产国不受限制地持续扩大市场份额，以沙特阿拉伯为首的欧佩克石油输出国则限制自身的生产和不断压缩自己的市场份额，也就是发挥所谓"剩余生产国"作用。沙特阿拉伯等欧佩克国家的这种"敌进我退"的做法，导致国际石油市场的份额大量地转移到了非欧佩克石油输出国的手中。

近年来，国际石油市场供过于求长期趋势的形成和美国石油出口咄咄逼人的快速增长，进一步压缩了沙特阿拉伯等欧佩克国家的市场空间，导致以沙特阿拉伯为代表的老石油输出国与以美国为代表的新石油输出国之间，围绕市场份额进行的竞争呈现白热化。2017年，沙特阿拉伯率领欧佩克成员国与俄罗斯联合发起"限产促价"，以削减产量来追求每桶80美元目标价格。但不受任何产量限制的美国，却乘该同盟收缩出口量之机，增加出口抢占市场份额，加上2020年初新冠肺炎的全球大流行导致世界石油需求减弱，联合"限产促价"无法产生预期的效果，沙特阿拉伯与

俄罗斯在是否进一步"限产促价"的问题上也发生了分歧。沙特阿拉伯在"促价"无望的情况下，被迫在2020年4月1日起发动增产和"价格战"，试图以更低的价格，逼迫美国页岩油退出市场，也迫使俄罗斯与沙特阿拉伯进一步联合限产。在这种"零和游戏"式的市场博弈中，竞争双方是很难决出胜负的。沙特阿拉伯固然有发动"价格战"的生产成本低和剩余产能大的优势，美国的页岩石油、天然气生产也具有韧性，即便一时被驱逐出市场，但在油价回升到40美元以后又可以卷土重来，重新夺回市场份额。在这样的过程中，价格的频繁剧烈波动在所难免。

实际上，国际石油卖方之间的这种"零和游戏"式的激烈竞争，对于石油、天然气输出国和进口国来说，都不是什么好事。对于沙特阿拉伯和俄罗斯等石油输出国来说，它们的经济增长、出口收入和财政收入都严重依赖石油收入，油价过低对于经济发展肯定是绝对有害的，而且为打"价格战"而抛售大量石油，也是对本国资源的巨大浪费。因此，过低的油价并不是沙特阿拉伯和俄罗斯所希望看到的结果。但是，它们也不希望油价过高，因为过高的油价会把更多的市场竞争对手引进国际市场中来。对于中国和美国等主要石油消费国来说，油价也不是越低越好。两国都有多样化的国内能源生产体系。一方面，过低的油价会使可再生能源的发展失去动力，影响到国内新能源产业的发展；另一方面，中国和美国都是生产成本相对较高的主要石油生产国，过低的油价会使国内的石油、天然气工业陷入困境。因此，它们也希望把油价保持在一定的高度，以支持国内能源产业的发展。把油价稳定在需求和生产双方都可以接受的水平上，才是主要石油输出国和进口国可以共赢的合理选择。

2020年3月开始的价格大战，使世界主要石油供应国都从不同的方面受到损失，也带来了国际石油输出国与进口国加强合作的新迹象。4月13日，欧佩克国家与非欧佩克国家在油价大战以后达成的新协议有一个不同以往的特点，那就是近年来因肆无忌惮地扩大石油生产而成为国际石油生产能力严重过剩始作俑者的美国，第一次做出了限产的承诺。根据所达成的协议，美国、巴西和加拿大将削减370万桶/日的产量。尽管美国政府用什么方法以及在什么时间使美国的石油公司控制产量仍然存疑，但这毕竟是一个具有历史意义的突破。它反映出美国在国际石油市场的新现实中，迈出了参与国际石油市场调控和价格稳定合作的第一步。美国既是世界最大的石油消费国，又是世界主要石油生产国和出口国。美国如果继续扩大与其他主要石油出口国和进口国的合作，很可能对于未来形成包括世界主要石油生产国、输出国和进口国在内的新的国际石油市场调控机制和价格稳定机制，产生重大的影响。

新的国际石油市场调控和价格稳定机制，无疑关系到中国的石油工业生产和石油进口安全等重大利益，也是国际石油合作的新增长点。为此，建议中国作为国际石油问题的主要利益攸关方，积极促进和参与主要石油生产国、输出国和进口国之间的对话。除了利用国际能源大会和世界石油大会等现有的论坛以外，可以考虑推动建立包括以中国、美国、沙特阿拉伯、俄罗斯、印度等主要石油生产国、输出国和进口国为核心的对话机制和市场稳定机制。在参与新机制创建的过程中，更加主动地维护中国的能源安全利益。

（四）通过开展新能源合作，拓宽能源合作领域

世界新能源开发的快速发展，以及中东石油、天然气输出国和非石油、天然气输出国对开发新能源热潮的高涨，为中国与中东国家的能源合作超越传统石油、天然气资源领域，把能源合作拓展到新能源开发领域，特别是中东国家拥有资源优势和资金优势的光伏发电和核能开发领域，提供了历史性的机遇。

中东国家虽然正在掀起光伏发电建设的热潮，但

中东国家既没有光伏制造业，也没有光伏标准，一切都依赖从外部输入。21世纪以来，发达国家的企业利用这一机遇，正在大举进军中东的光伏发电市场，已经拿到了一批可以产生示范效应的大型项目。2009年，法国的道达尔和西班牙的Abengoa公司以建设—运营—拥有（BOO）方式承建了阿联酋的马斯达尔城大型光伏发电项目。2010年，日本和突尼斯合作，启动了"撒哈拉太阳能孵化器项目"（Sahara Solar Breeder Project）。沙特阿拉伯在2018年决定与日本软银集团合作，在沙特阿拉伯建造世界最大的光伏发电站。中国是光伏产业大国，中国的光伏发电技术和成本有较强的国际竞争力。但迄今为止，中国还缺位于中东国家的光伏发电建设热潮，与中东国家的合作还基本停留在向中东国家出口光伏产品组件的初级阶段。这与中国在世界光伏发电产业中的大国地位是很不相称的。

因此，建议中国以更加积极的姿态投入中东的光伏发电建设热潮中去，特别是找到集中展示中国新能源水平的突破点，形成有影响力的示范效应，以及新能源产业走出去的带动效应。近年来，科威特正在筹划进行五岛开发和丝绸城国家级项目，并对于中国的光伏发电技术给予厚望。科威特智库报告认为，中国在太阳能发电领域居领先地位，其对于城岛项目太阳能发电项目的建设成本测算，全部是在参考中国和印度的同类项目基础上完成的。出于对中国光伏发电技术的信任，该报告认定中国适合作为该领域的"外国战略投资方"，并直接建议把太阳能发电项目交由中国公司承担。科威特对中国光伏发电技术的重视，足以说明中国光伏发电技术受到高度认可。中国也不缺乏在国内建设大型光伏电站的经验。因此，中国的光伏发电企业应当主动出击，利用科威特五岛开发和丝绸城建设国家级项目出现的机会，把合作水平从出口贸易向承包建设和经营大型光伏发电项目的方向提升。为了发展新能源领域的合作，中国应加强与中东国家主权财富基金的合作，通过建立联合投资基金等方式，把联合投资引向中国具有优势的新能源开发等领域。

（五）通过创新和平理念，缓和地区紧张局势

没有中东地区的和平稳定，国际石油、天然气供应和能源合作就得不到充分的安全保障。中东地区自2003年伊拉克战争以来，正处在地区格局的大变化之中。美国"一超独霸"的格局已经结束，多级化的趋势在发展，但新的格局尚未形成。地区大国之间的矛盾凸显，民族和教派矛盾错综复杂，恐怖主义活动猖

猕。西方国家出于自身利益，进行政治和军事干涉。中东的局势相关方面各行其是，地区局势动荡不已。

中国并不具备重新塑造中东格局的力量。以劝和促谈的作用促进和平稳定，是中国外交的明智选择。针对中东地区冲突各方普遍的"零和博弈"特点，以及国际斡旋调解治标不治本的问题，建议中国的劝和促谈把重点放在推出促和维稳的新理念，并特别强调以下几点。

一是打破"零和"思维，树立国家间相互安全的理念。正如习近平主席提出的："应该奉行双赢、多赢、共赢理念，在谋求自身安全时，兼顾他国安全，努力走出一条互利共赢的安全之路。"而"只顾一个国家的安全而罔顾其他国家安全，牺牲别国安全谋求自身的所谓绝对安全，不仅是不可取的，而且最终会贻害自己"[1]。伊朗与沙特阿拉伯之间的矛盾对全地区的稳定都具有重要影响。按照新安全观的思路，推动伊朗与沙特阿拉伯放弃"零和"游戏，寻找互利共赢的安全之路，应当成为实现中东地区稳定的关键切入点，也应当成为中国外交发挥作用的努力方向。

二是把尊重国家主权作为底线，不能动辄就把推翻合法政权当作解决问题的办法。在阿富汗、伊拉克、

---

[1] 《坚持合作创新法治共赢，携手开展全球安全治理》（2017年9月26日），《人民日报》2017年9月27日。

叙利亚、也门、利比亚等国发生的事例都已经说明，依靠武力推翻合法政权，并不能换来和平与稳定。一个国家的政治发展道路，应当由这个国家自己来选择。除非得到联合国安理会的授权，不应随意对一个国家的内政横加军事干涉。

三是以发展促和平，把解决发展问题纳入和平方案之中。中东地区发生的动乱，都有深刻的经济根源。但迄今为止，国际社会针对中东冲突提出的和平方案，比较重视军事和政治安排，对于和平所能带来的红利考虑较少，不能产生最大的和平动力。习近平主席曾经指出："中东动荡，根源出在发展，出路最终也要靠发展。"[1] 他还把发展称为"解决地区安全问题的总钥匙"[2]。在劝和促谈的方案设计中，这一主张应当引起充分的重视。

（六）通过维护国际法准则，增进石油、天然气产区和运输通道安全

国际能源海上运输的安全，需要得到国际法的保障。已经出现的一些威胁国际能源运输通道安全的事

---

[1] 《习近平在阿拉伯国家联盟总部的演讲》，新华网（http://www.xinhuanet.com//world/2016-01/22/c_1117855467.htm）。

[2] 《积极树立亚洲安全观，共创安全合作新局面》（2014年5月21日），《人民日报》2014年5月22日。

件，在很大程度上都是违反国际法准则的结果。

霍尔木兹海峡属于国际法上规定的用于国际航行的海峡。虽然霍尔木兹海峡最窄的地方只有48千米，但它中间仍有7—8千米是属于用于国际航行的水道，不属于领海海峡。根据《联合国海洋法公约》的规定，对于在用于国际航行的海峡上航行的船舶，应当享有过境通行不受阻碍的权利。但是，不遵守这条法律准则的情况屡见不鲜，很多冲突都与不遵守这条法律有关。例如，早在20世纪80年代的两伊战争期间，伊朗和伊拉克在海湾地区不仅相互袭击对方的油轮，而且也袭击第三方的油轮。又如，近年来，由于美国与伊朗之间的冲突，霍尔木兹海峡的运输通道再次受到安全威胁。美国行使治外法权，根据国内法律对伊朗进行单方面制裁和"极限施压"，实际违反了国际法准则；伊朗威胁要以封锁霍尔木兹海峡来报复美国对伊朗的制裁和打击，也超出了《联合国海洋法公约》允许的权限。再如，2019年7月，伊朗伊斯兰革命卫队在霍尔木兹海峡扣押了英国油轮，理由是违反国际海事法规，但双方各执一词。究竟是哪一方违反了国际法准则，无法论定。除此之外，1982年《联合国海洋法公约》第110条和第111条规定，一国军舰可以在公海上对他国船舶行使登临权和紧追权。尽管该公约规定了行使登临权和紧追权的具体条件，但是在地区冲突频仍、矛盾错综复杂的中东海湾地区，这些规定都存在着被滥用的隐患。

因此，海上能源运输通道安全的一大威胁，就是对国际法准则的挑战。从这种意义上讲，维护国际法的权威应是维护海上能源运输通道安全的重要一环，建议中国继续发挥国际法准则维护者的作用。

（七）通过纠正国际视听，创造良好的舆论环境

中国与中东国家开展能源合作，也面临着一些舆论误导的挑战。其中既有些来自中东的石油、天然气起源国方面，主要是对与中国开展石油、天然气合作的认识不足问题；也有一些来自西方国家，纯属无稽之谈。

迄今为止，中东国家方面仍然存在着中国单方面依赖中东能源供应的不正确看法。这种看法仅仅认为中国离不开中东的石油、天然气供应，完全看不到中东石油、天然气输出国越来越依赖中国市场的新趋势和新现实，从而导致中东国家方面继续迷恋西方的技术和市场，甚至对于有朝一日重温买方市场的旧梦还抱有不切实际的幻想，因而没有下定决心，把石油、天然气的合作重点毅然转向中国。这种认识层面的问

题，是中东石油、天然气输出国对开展与中国的能源合作缺乏主动性的基础性障碍。要破除这种不正确的认识，中方应当通过舆论引导，使中东石油、天然气输出国清醒地认识到，在国际能源市场的新现实和大趋势下，中国与中东石油、天然气输出国的相互依赖关系越来越深，中国的石油、天然气进口安全的另一面，就是中东的石油、天然气起源国的出口安全。双方的能源安全利益越来越紧密地相互联系在一起。为此，建议中国提出与中东石油、天然气输出国共建"能源安全共同体"的新安全观。强调在这样一个"能源安全共同体"中，哪一方也不能独善其身，说明中东石油、天然气输出国实际上是处境更加被动的一方，应当更加主动地加强与中国的能源合作。

美国的智库和学界多年来一直谎称所谓中国在中东能源安全问题上"搭便车"的观点，这种观点在中国学界也有附和之声。这种观点给人的错觉是，仿佛美国在中东地区的战略都是给中国从中东进口石油提供了安全保障。其实，这种似是而非的宣传完全是一种谬论。第一，自从20世纪70年代第一次石油危机爆发以后，维护中东能源供应安全确实曾成为美国中东政策的重要动力。但这种动力完全是从美国及其盟国的能源安全出发的，是美国为维护其自身利益及其全球霸权地位的图谋。第二，中国的能源进口从来就不是美国中东政策的受益者，或者是搭乘了美国安全保障的"便车"。中国直到20世纪90年代后期，一直是石油净出口国，而不是中东石油的进口国。那时中国的政策是支持中东石油输出国的石油斗争，中东石油的生产和运输安全并不是中国的重要关注。第三，21世纪以来，中国从中东的石油进口量增加很快，实际上是美国中东政策的受害者。2003年，美国不顾包括中国在内的国际社会反对，单方面发动伊拉克战争，导致国际油价飞涨，大大增加了中国的石油进口成本。因此，所谓中国"搭便车"论，完全是罔顾事实的谎言，建议中方的专家学者予以明确的驳斥。

为了做好中国与中东石油、天然气输出国能源合作的舆论引导工作，除了政府宣传部门发出官方的声音以外，建议重视发挥学界、智库和媒体的作用，特别是中国学界、智库和媒体与中东国家的学界、智库和媒体的合作研究，共同发声。这样的舆论引导方式，可以更有利于进一步扩大提高舆论宣传的效果。

（八）通过加强军事合作，增进安全保障

中东地区是动乱多发的地区，军事手段对于能源合作安全，具有特殊的保障意义。军事保障既要着眼于保护我国企业防范和应对战争、冲突，或海盗袭击

对中国石油、天然气运输船队的安全威胁，也要着眼于在中东地区从事石油、天然气开发服务的大批中国企业人员和财产安全。

最近 10 年以来，中国在这方面已经有所体会。2011 年中国空军首次派出飞机执行从利比亚撤侨行动，以及 2015 年中国海军首次派出军舰执行从也门撤侨行动，撤出的人员中许多都是石油、天然气开发领域的中国工程技术人员和劳务人员。随着中国与中东国家石油、天然气合作的扩大，以及中东地区动乱的长期化，这样的事情今后还有可能发生。20 世纪 80 年代两伊战争期间频繁发生的油轮遭受袭击事件。2016 年 6 月，在阿曼湾和阿联酋附近水域连续发生两艘油轮和 4 艘商船遇袭事件，而袭击的发动者至今仍然成谜，让人们对海湾地区石油、天然气运输安全的担忧有增无减。在能源运输通道受到威胁的情况下，中国也不可避免地要派出军舰为油轮提供护航。因此，中国与中东国家能源合作的扩大，对加强军事保障提出了更高的需求。

与美、英、法、俄等国家在中东地区建有海军基地和空军基地相比，中国在中东地区的军事存在是非常薄弱的。除了 2017 年在吉布提建成一个为参加亚丁湾反海盗护航行动的中国海军提供后勤保障的基地以外，在中东及周边地区没有其他的军事设施存在。在中东地区撤侨行动时使用的军舰则是从亚丁湾护航舰队中抽调的,而使用的飞机则必须从国内出发。因此,要提升我国在中东地区维护能源通道安全,必须要扩大在中东地区的基地网络和军事力量投送能力;进一步发展远洋海军,提高能源运输通道的护航能力。

除此之外,本着互利双赢和"能源安全共同体"的精神,中国还要与中东地区及能源运输通道沿线国家建立多边的安全合作机制,与同中国一样在中东地区有能源安全利益的第三方国家建立多边的合作机制。合作的地点并不局限于中东地区,还应扩大到从中东到中国的能源运输全程海域。合作方式可以包括以反对恐怖主义威胁为主题,共同打击危害海上运输通道安全的恐怖主义和海盗集团;与有争议的国家建立双边或多边军事磋商机制,就如何避免冲突和处理冲突做出适当的安排,以增进相互了解和相互信任;与相关国家在国际公海定期举行海上联合搜救、联合扫雷、联合反恐为主题的军事演习,例如2019年12月中国与俄罗斯和伊朗的海军在阿曼湾举行联合军事演习,等等。①

总而言之,在国际能源结构变化的大趋势之下,面对共同性的能源安全问题,中国与中东石油、天然

---

① 华昊:《中国能源安全与军事斗争准备》,《军事经济研究》2006年第12期。

气输出国面临着扩大合作的新条件和新机遇。由于石油、天然气合作本身涉及的范围相当广泛，既包括石油、天然气的生产、贸易和运输本身，也包括实现这种生产、贸易和运输的安全环境，因此，合作的路径也必然是广泛多样的，而不可能局限在一两个领域。本报告所提出的合作路径和建议，有些是对现有合作路径的提升和强化，但更多的是需要开辟的新领域。采取任何一种合作路径，都应当遵守和平共处五项原则、互利共赢和共同发展的基本原则。具体而言，就是落实"一带一路"倡议所提出"共商、共建、共享"原则。否则，任何合作的路径都是难以实现的。

结　　论

世界并不缺乏石油、天然气资源，但随着人类在发展实践中的观念转变，特别是世界各国对可持续发展的追求，石油、天然气的需求增长减弱甚至需求"封顶"的时期正在到来。许多工业发达国家的石油和天然气需求已经"封顶"。全球石油需求"封顶"指日可待。全球天然气的需求仍在增长，但与可再生能源相比，增长速度已有放慢之势。需求与供给的此消彼长，已使国际石油、天然气市场出现长期供过于求和竞争加剧的大趋势。只有中国等发展中国家的石油、天然气需求仍然保持着快速增长的势头。

市场的大趋势并不会使中国与中东的能源联系变得松散。尽管世界石油、天然气供给充分，而且来源多样，但从中国进口需求的庞大规模、中东供应的巨大能力，以及地缘政治的角度考虑，中国仍然离不开中东的石油、天然气供应。在新的市场环境下，中东石油、天然气输出国因其"地租国家"的属性，更加离不开中国市场。能否在巩固中国市场方面有所作为，与这些国家的前途命运紧密相关。因此可以说，中国与中东石油、天然气输出国共处一个相互依赖的"能源安全共同体"之中，加强能源合作符合双方的战略利益。

中国与中东国家的能源合作仍有很大的空间。特别是在降低能源产区和运输通道的安全风险、提升石油、天然气合作的水平，以及拓展能源合作的新领域等方面，双方具有开展合作的共同利益基础和很大的合作潜力。为把这些合作潜力化为合作的现实，建议中方从八个路径开展工作：通过加强相互投资，提升石油、天然气合作的水平；通过推动石油、天然气人民币计价，逐步摆脱美元霸权的控制；通过促进供求双方对话，维护合理的石油价格；通过开展新能源合作，拓宽能源合作领域；通过创新和平理念，缓和地区紧张局势；通过维护国际法准则，增进石油、天然气产区和运输通道安全；通过纠正国际视听，创造良好的舆论环境；通过加强军事合作，强化安全保障能力。

参考文献

一 中文文献

《马克思恩格斯选集》第 2 卷，人民出版社 1995 年版。

《列宁选集》第 2 卷，人民出版社 1995 年版。

习近平：《共同开创中阿关系的美好未来——在阿拉伯国家联盟总部的演讲》（2016 年 1 月 21 日），新华网（http：//www.xinhuanet.com，2016 年 1 月 22 日）。

习近平：《积极树立亚洲安全观共创安全合作新局面》（2014 年 5 月 21 日），新华网（http：//www.xinhuanet.com，2014 年 5 月 22 日）。

习近平：《坚持合作创新法治共赢 携手开展全球安全治理》（2017 年 9 月 26 日），新华网（http：//www.xinhuanet.com，2017 年 9 月 27 日）。

刘朝全、姜学峰主编：《2019 年国内外油气行业发展报告》，石油工业出版社 2020 年版。

张抗：《中国和世界地缘油气》，地质出版社2009年版。

陈沫：《论国际油气市场大趋势与中海能源合作》，《宁夏社会科学》2020年第2期。

华昊：《中国能源安全与军事斗争准备》，《军事经济研究》2006年第12期。

王伟：《中国能源变阵433——访中国工程院院士谢克昌》，《能源评论》2017年第7期。

《中东地区光伏市场分析》，能见网站（https：//www.nengapp.com，2019年2月25日）。

《中国可再生能源报告（2018）》，中国可再生能源学会网站（http：//www.cres.org.cn，2019年12月11日）。

高强：《中国能效经济委员会发布〈中国能效2018〉报告》，新疆维吾尔自治区生态环境保护产业协会网站（http：//www.xjhbcy.cn，2019年1月25日）。

姜学峰：《全球油气格局与中国油气供需形势》，天然气工业网站（http：//www.cngascn.com，2018年12月20日）。

二　英文文献

BP Statistical Review of World Energy 2019, London, 2019.

Country Report Saudi Arabia, Economic Intelligence Unit, London, May 2020.

David Sheppard, *Peak Oil Demand for 2036*, Financial Times, 16 July 2018.

Edmund Hosker (ed.), *World Energy Outlook 2019*, IEA, Paris, 2019.

General Projects Statistics, Saudi Aid Platform, May 2020, https://data.ksrelief.org.

International Energy Outlook 2019, US Energy Information Administration, https://www.eia.gov/.

James Griffin (ed.), *World Oil Outlook 2040*, OPEC Secretariat, Vienna, September 2018.

Middle East and North Africa 2018, Routledge, London and New York, 2019.

Richard Scott (ed.), *Major Policies and Actions*, IEA the First 20 Years 1974-1994, OECD/IEA, Paris, 1995.

Sub Saharan Africa 2016, Routledge, London and New York, 2017.

Tim Niblock and Monica Malik, *Political Economy of Saudi Arabia*, Routledge, London 2007.

World Development Indicators, The World Bank, https://databank.worldbank.org.

陈沫，中国社会科学院西亚非洲研究所副研究员，中国社会科学院海湾研究中心秘书长。毕业于北京师范大学经济系，经济学学士。主要研究方向为能源问题及中东经济。

主要研究成果：

"The Economic Relation between China and GCC Countries Since 2008", *Asia-gulf Economic Relations in the 21st Century*, Gerlach Press Berlin, Germany, 2013.

《中东能源及中国与中东国家的能源关系》，载《中东发展报告 No. 15（2012—2013）：中国与中东国家政治经济关系发展》，社会科学文献出版社2013年版。

"The Transnationlzition Strategy of Chinese National Oil Companies with Case Studies of Sudan and Saudi Arabia", *The Globalization of Energy——China and the European Union*, Brill, 2014.

《伊核全面协议对国际石油市场及中伊经济合作的影响》，《国际经济合作》2015年第10期。

"The Economic Adjustment of Saudi Arabia and the docking of Bilateral Economy and Trade between China and Saudi Arabia under the 'One Belt and Road' Initiative", *Journal of Middle East and Islamic Studies*, Vol. 2, 2016.

《沙特低油价策略分析》，载《中东观察：2011—

2016》,中国民主法制出版社 2016 年版。

《沙特阿拉伯的工业化与中沙产能合作》,《西亚非洲》2017 年第 6 期。